Julia Jaki

Kurzer Frühling in Damaskus

Die syrische Zivilgesellschaft nach Baschar al-Asads Machtübernahme

disserta
Verlag

Jaki, Julia: Kurzer Frühling in Damaskus: Die syrische Zivilgesellschaft nach Baschar al-Asads Machtübernahme, Hamburg, disserta Verlag, 2014

Buch-ISBN: 978-3-95425-880-2
PDF-eBook-ISBN: 978-3-95425-881-9
Druck/Herstellung: disserta Verlag, Hamburg, 2014
Covermotiv: © laurine45 – Fotolia.com

Bibliografische Information der Deutschen Nationalbibliothek:
Die Deutsche Nationalbibliothek verzeichnet diese Publikation in der Deutschen Nationalbibliografie; detaillierte bibliografische Daten sind im Internet über http://dnb.d-nb.de abrufbar.

Hermannstal 119k, 22119 Hamburg
http://www.disserta-verlag.de, Hamburg 2014
Printed in Germany

Inhaltsverzeichnis

Abkürzungsverzeichnis

AHDR	Arab Human Development Report
ASBP	Arabische Sozialistische Baath Partei
ASP	Arabische Sozialistische Partei
ASU	Arabische Sozialistische Union
BMENAI	Broader Middle East and North Africa Initiative
CDF	Committees for the Defence of Human Rights in Syria
EIB	European Investment Bank
EMP	Euro-Mediterrane Partnerschaft
GMEI	Greater Middle East Initiative
HRAS	Human Rights Association in Syria
ICG	International Crisis Group
KPS	Kommunistische Partei Syriens
NDS	Nationaldemokratische Sammlungsbewegung
NGO	Non-Governmental Organisation
NPF	National Progressive Front
PA	Populist Authoritarianism
RPS	Reform Party of Syria
SALSA	Syria Accountability and Lebanese Sovereignty Restoration Act
SANA	Syrian Arab News Agency
SCS	Syrian Computer Society
SHRC	Syrian Human Rights Committee
SSNP	Syrische Sozialistische Nationalistische Partei
UNDP	United Nations Development Programme

"I have noticed that many articles appearing in the Arab and Western press have used the term spring. However, I am not convinced that 'spring' is indeed the preferred season of the year."[1]

I Einleitung

II.1 Thema und Fragestellung

„Der schwierige Job des Bashar Assad“[2], „Der Frühling in Damaskus, der seltsame Blüten treibt“[3], „Das bisschen Freiheit ist kaum mehr als Kosmetik“[4] – stand in den letzten vier Jahren ein Artikel über Syrien in der Zeitung, behandelte dieser mit großer Wahrscheinlichkeit das Phänomen des gescheiterten innenpolitischen Reformprozesses und das jähe Ende des so genannten „Damaszener Frühlings“ *(rabīᶜ dimašq)*, jener gut sechs Monate andauernden Phase der Öffnung, die auf die Amtseinführung von Baschar al-Asad[5] im Jahr 2000 folgte und in der sich eine breite öffentliche Debatte über politische und wirtschaftliche Reformen entwickelte.
Auslöser für diese öffentliche Debatte war die Amtsantrittsrede von Baschar al-Asad am 17. Juli 2000 vor dem syrischen Parlament *(maǧlis aš-šaᶜb)*. In dieser betonte der erst 34-jährige Präsident die Notwendigkeit von demokratischem Denken[6], das auf dem Prinzip basiere, die Meinung des anderen zu akzeptieren: „This means that democracy is our duty towards others before it becomes a right for us.“[7] Er forderte konstruktive Kritik und Rechtsstaatlichkeit, Kampf gegen Korruption und Verschwendung, die Ausbildung von neuen Kadern und verwies auf die Dringlichkeit einer wirtschaftlichen und administrativen Modernisierung. Baschar al-Asad betonte, dass man nicht die Demokratie anderer, westlicher Staaten übernehmen könne, sondern eigene demokratische Erfahrungen sammeln müsse. Außerdem deutete er mit keinem Wort an, das autoritäre politische System Syriens grundlegend verändern zu wollen. Die Rede war jedoch Ausdruck eines neuen liberalen Diskurses der Staatsfüh-

---

[1] Baschar al-Asads Antwort auf die Frage, wie er die Ereignisse während seines ersten Amtsjahres einschätzt. Interview in *El-Pais* vom 1.5.2001, zitiert nach Zisser (2003a), S. 39.
[2] *Heidenheimer Zeitung* vom 6.4.2005.
[3] *Das Parlament* vom 31.1.2005.
[4] *Stuttgarter Zeitung* vom 15.3.2004.
[5] Eigentlich: *Baššār al-Asad*. Um die Verständlichkeit und den Lesefluss zu erleichtern, werden im Folgenden arabische Namen und bekannte Presseerzeugnisse nicht in Umschrift, sondern gemäß der in der europäischen Presse üblichen Schreibweise wiedergegeben. Arabische Begriffe, die nicht im Duden aufgeführt sind sowie unbekannte Periodika werden gemäß den Umschriftregeln der Deutschen Morgenländischen Gesellschaft geschrieben.
[6] Wie auch Leca anmerkt, darf die Verwendung des Begriffs „Demokratie“ bzw. „demokratisch“ in diesem Kontext nicht als Verweis auf ein liberal-demokratisches Modell westlicher Prägung interpretiert werden, vgl. Leca (1996), S. 81.
[7] *Syrian Arab News Agency (SANA)* vom 18.7.2000, siehe Anhang D, S. 120.

rung, der in vielen Syrern, aber auch ausländischen Beobachtern, Hoffnungen auf politischen Wandel schürte.[8] Asad nährte diese Hoffnung in den ersten Monaten seiner Amtszeit durch Maßnahmen wie die offizielle Genehmigung von Satellitenschüsseln, die Freilassung von rund 600 politischen Gefangenen des islamistischen und linken Spektrums und die Schließung des berüchtigten Gefängnisses von Mezze. Aber auch durch die Genehmigung nichtstaatlicher Presseerzeugnisse, die Berufung eines neuen liberaleren Chefredakteurs der staatlichen Zeitung *ath-Thawra*[9] und die Einführung einer jüngeren Generation in die politische und administrative Elite. Im Laufe des Jahres 2000 entstanden zunächst in Damaskus, dann über das Land verteilt, zahlreiche Diskussionszirkel *(muntadayāt)*, in denen offen über politische Reformen debattiert wurde. Vereinigungen der sich neu formierenden „Zivilgesellschaftsbewegung" *(ḥaraka al-muǧtama*ᶜ *al-madanī)* forderten in Petitionen, Vorträgen und Artikeln die Abschaffung des seit 1963 geltenden Ausnahmezustandes, die Freilassung von politischen Gefangenen und politische Reformen. Eine nationale Debatte über den notwendigen Wandel und die Zukunft des syrischen Regimes entwickelte sich, welche „was neither totally open nor all-encompassing, but involved voices and views that had hitherto been marginalised."[10]

Im Februar 2001 jedoch kam der Wendepunkt: Regimevertreter, wie der damalige Vizepräsident Abdelhalim Khaddam[11] und Verteidigungsminister Mustafa Tlas[12], aber auch der Präsident selber attackierten die Zivilgesellschaftsbewegung in Zeitungsinterviews und öffentlichen Reden und beschuldigten sie der Gefährdung der nationalen Einheit und Stabilität. Den Diskussionsforen wurden Maßnahmen auferlegt, die zur Schließung nahezu aller Zirkel führten. Einige Wochen später folgten Verhaftungen von zehn prominenten Aktivisten der Zivilgesellschaftsbewegung. Der syrische Industrielle, ehemalige Parlamentarier und Reformaktivist Riyad Seif, einer der zehn Inhaftierten, konstatierte im Februar 2001: „Damascus spring has come to an end."[13]

---

[8] „The new president´s inaugural speech was widely regarded as a declaration of reform intentions", zitiert nach Perthes (2004b), S. 13.

[9] *Tishreen* („Oktober"), *al-Baath* („Das Wiedererwachen") und *ath-Thawra* („Die Revolution") sind die drei staatlichen Presseorgane Syriens.

[10] Perthes (2004b), S. 14.

[11] Khaddam trat im Juni 2005 von seinem Amt zurück und lebt jetzt im Pariser Exil, der langjährige zweite Vizepräsident Zuhair al-Maschariqa ist 2006 noch im Amt.

[12] Mustafa Tlas ging am 11.5.2004 nach dreißigjähriger Amtszeit aus Altersgründen in Rente, amtierender Verteidigungsminister ist Hasan Turkmani.

[13] Vgl. Riyāḥ barīda tahubb ᶜalā rabīᶜ dimašq, http//:www.middle-east-online.com, Stand: 18.2.2001, zitiert nach Ghadbian (2001), S. 637.

Zwar betonten gerade syrische Aktivisten immer wieder, dass sich das politische Klima in Syrien trotz der Rückschritte gewandelt habe, dass die Debatten hinter verschlossenen Türen weiter gehen und der „Damaszener Frühling" Entwicklungen angestoßen habe, die nicht mehr zu revidieren seien.[14] Zum Zeitpunkt der Niederschrift dieser Arbeit (Beginn des Jahres 2006), sind jedoch zahlreiche politische Gefangene in syrischen Gefängnissen[15], alle Diskussionszirkel des „Frühlings" sind geschlossen, der Ausnahmezustand ist nach wie vor in Kraft und oppositionelle Parteien sind verboten. Die öffentliche Debatte ist weitgehend verstummt. Zudem fällt die wirtschaftliche Reformbilanz nach fast sechs Jahren Herrschaft Baschar al-Asads mager aus.[16]

Angesichts der Tatsache, dass der Präsident durch seine Rede, seine Maßnahmen und die Toleranz gegenüber der Zivilgesellschaftsbewegung die Entwicklungen zunächst zu unterstützen schien, drängen sich folgende Fragen auf:

1. Warum reagierte die Staatsmacht ab Februar 2001 mit repressiven Maßnahmen und verantwortete somit das öffentliche Verstummen der Debatte? Und damit einhergehend: Was waren die Gründe für die kurze politische Öffnung „von oben"?
2. Warum wurden im Zuge der Debatte wirtschaftliche und politische Reformen so zögerlich bzw. gar nicht umgesetzt?

I.2 Definitionen und Eingrenzung des Untersuchungsgegenstandes

Die vorliegende Arbeit soll diese Fragen nach der repressiven Reaktion der Staatsmacht und der zögerlichen Umsetzung von Reformen im Rahmen der Reformdebatte seit der Machtübernahme durch Baschar al-Asad beantworten. Hierzu wird die Reformdebatte, die, wie sich

[14] So u.a. der syrische Politologe Hassan Abbas in einem Interview mit der Verfasserin, 23.5.2005.

[15] Die in London ansässige „Syrian Human Rights Committee" (SHRC) spricht in seinem Jahresbericht 2005 von ca. 3000 politischen Gefangen in syrischen Gefängnissen. Mindestens 13 Gefangene starben 2005 an den Folgen von Folter.
Vgl. http://www.shrc.org.uk/data/aspx/d5/2285.aspx, Stand 4.3.2005.

[16] Im Bericht der Weltbank über die wirtschaftliche Entwicklung in den Staaten des Nahen Ostens und Nordafrikas von März 2005 werden der gegenwärtige Status und die Reformschritte der Länder in einem Zeitraum von 2000 bis 2004 bewertet (The World Bank: Middle East and North Africa. Economic developments and prospects 2005. Oil booms and revenue managment, Washington D.C., 2005). Bezüglich des Status der Unternehmens- und Regulierungsreform erhielt Syrien den Wert 17 (Wert 100=Beste Policy-Leistung/Maßnahme, Wert O=restriktivste Politik). Bei den Reformschritten in diesem Bereich lediglich den Wert 2 (100=sehr gute Verbesserung, 0=stärkste Verschlechterung). Bei der Reform der Regierungstätigkeit hat Syrien den Status-Wert 21, Reformschritte in diesem Bereich sind nicht zu verzeichnen, zitiert nach Faath (2005), S. 49. Siehe auch Raphaeli, Nimrod: The Syrian Economy under Bashar al-Asad, *MEMRI Inquiry and Analysis Series,* No. 259, (13 January 2006).

weiter unten zeigt, Ausdruck einer Liberalisierung des autoritären Systems ist, dargestellt und analysiert. Also, per definitionem, eine systematische Untersuchung der Debatte hinsichtlich einzelner sie bestimmender Komponenten durchgeführt.[17]

Der Begriff „Debatte" wird im Folgenden definiert als eine

> verbale Auseinandersetzung über ein Thema (...), die sich von unverbunden nebeneinander stehenden Positionsbestimmungen und Interpretationen einzelner oder einer Gruppe abgrenzt.[18]

Gemäß dieser Definition muss in einer Debatte eine vielfältige Reaktion durch Dritte erfolgen, die unterschiedlichen Positionen müssen gegenseitig rezipiert sowie ein gewisses Maß an Öffentlichkeit, durch Veröffentlichung und Kommentierung der Positionen in Konferenzen und/oder den Medien, erreicht werden.[19]

Unter Reform wird eine Umgestaltung, Neuordnung oder Verbesserung des Bestehenden verstanden. Auf das politische System bezogen können Reformen auf „bewusst und planvoll herbeigeführte Veränderungen im politischen Institutionensystem *(polity)* und/oder im Bereich der Staatstätigkeit *(politics)*" definiert werden[20], die zum Abbau von Defiziten und der Reduzierung von Problemen beitragen.[21]

Um die Untersuchung aufgrund des begrenzten Umfangs dieser Arbeit und der Tatsache, dass die Debatte ein bis in die Gegenwart andauernder Prozess ist, operationalisieren zu können, muss der Untersuchungsgegenstand sowohl zeitlich als auch inhaltlich eingegrenzt werden. Die Untersuchung widmet sich deshalb der Reformdebatte seit der Machtübernahme Baschar al-Asads im Juli 2000 bis zum Jahr 2003. Der Debattenverlauf bis Ende 2003 umfasst die für die Untersuchung wichtigsten Entwicklungsphasen: Nach dem Aufleben der Debatte reagierte das Regime ab Februar 2001 mit repressiven Maßnahmen gegen die zivilgesellschaftlichen Aktivitäten, woraufhin die öffentliche Debatte weitgehend verstummte. Mit Beginn des Irak-Krieges im März 2003 wurde die Debatte wieder belebt, jedoch nicht in dem öffentlichen Maße wie zur Zeit des Damaszener Frühlings; diese Phase hält bis heute an.

---

[17] Die vorliegende Arbeit wird im Fach Islamwissenschaften angefertigt, das jedoch keine der Thematik und Fragestellung dieser Untersuchung angemessene Methodik parat hält. Aus diesem Grund bedient sich die Arbeit sozialwissenschaftlicher Definitionen, Methoden und Konzepte. Dabei wird die Arbeit von einem „technischen Erkenntnisinteresse" geleitet, d.h. Ziel der Arbeit ist eine Beschreibung und Erklärung des Untersuchungsgegenstandes, gemäß des empirisch-analytischen Ansatzes in den Sozialwissenschaften. Es wird kein deterministischer Ansatz verfolgt, der nach Bedingungen für eine weitere Liberalisierung des Systems bzw. eine Demokratisierung fragt.

[18] Faath (2004), S. 16.

[19] Ebd.

[20] Nohlen/Schultze (2004), S. 789.

[21] Vgl. Faath (2005), S. 55f.

Was die inhaltliche Eingrenzung betrifft, so bezieht sich diese auf die Themen und Träger der Reformdebatte. Der syrische Politikwissenschaftler Hassan Abbas bezeichnet nach einer Befragung syrischer Intellektueller politische Reformen als das zentrale Debattenthema aus Sicht der Zivilgesellschaftsbewegung.[22] Aus Sicht des Regimes haben wirtschaftliche und administrative Reformmaßnahmen Priorität, wie unter anderem in der Amtsantrittsrede des Präsidenten deutlich wurde.

In Berücksichtigung dieser Eingrenzungen soll im Folgenden also die Debatte um politische und wirtschaftliche Reformen zwischen Vertretern der Regimeelite und der Opposition in Syrien von Mitte 2000 bis Ende des Jahres 2003 in Hinblick auf die eingangs gestellten Fragen untersucht werden.

I.3 Vorüberlegungen und Konzeptionalisierung

Annahmen

Eine von Faath herausgegebene, umfassende Analyse politischer und gesellschaftlicher Debatten in Nordafrika und Nahost[23] nennt folgende Rahmenbedingungen, die Inhalt, Reichweite und Auswirkungen der Debatten beeinflussen: gesellschaftliche Tabuthemen, die Position der Staatsführung in einzelnen Debatten sowie innen- und außenpolitische Konflikte und Problemlagen. In Bezug auf die Akteure in Debatten kommt die Untersuchung zu folgenden für diese Arbeit wichtigen Ergebnissen:[24]

- Aufgrund des intakten Gewalt-, Sanktions-, und Distributionsmonopols des autoritären Staates wird dieser zum Schlüsselakteur der Debatte. Da nur die Staatsführung die Mittel hat, den Spielraum für Debatten auszuweiten oder einzuschränken, ist das Verhalten der Regierungen für den Debattenverlauf ausschlaggebend.
- Der Einfluss nicht-staatlicher säkularer Träger auf Debatten ist begrenzt.
- Oppositionelle Träger von Debatten sind bereit, bei Angeboten der Staatsführung einen Kooperations- und Integrationskurs einzuschlagen.

---

[22] An zweiter Stelle steht das Thema Globalisierung, an dritter Stelle die Frauenfrage. Abgeschlagen an vierter Stelle steht die Kurdenfrage, gefolgt von Debatten zur Jugend, Zivilgesellschaft und Säkularisierung. Abbas zitiert in: Faath (2004), S. 19.

[23] Faath (2004). Analysiert wurde u.a. die länderspezifische Ausprägung aktueller Debatten in Marokko, Algerien, Ägypten, Saudi-Arabien, Jordanien, Libanon, Syrien, den palästinensischen Gebieten und Iran.

[24] Vgl. Faath (2004), S. 486f.

- Aufgrund struktureller Bedingungen finden Debatten nur innerhalb einer begrenzten Schicht statt und verlaufen im Idealfall „von oben nach unten“.

In Anlehnung an diese Ergebnisse geht die vorliegende Untersuchung von der Annahme aus, dass Inhalt, Reichweite und Auswirkungen der Reformdebatte von 2000 bis 2003 hauptsächlich von folgenden Rahmenbedingungen beeinflusst wurden:

- Den Akteuren (Regimeelite, Opposition), wobei die Regimeelite den maßgeblichen Einfluss auf Inhalt, Reichweite und Auswirkungen der Reformdebatte ausübt,
- dem politischen und sozioökonomischen System des autoritären Staates, in welchem die Debatte stattfindet (Autoritarismus, Neopatrimonialismus, Rentierökonomie),
- externen Faktoren (Israel, Libanon, Irak-Krieg, Demokratisierungsinitiativen, Euro-Mediterrane Partnerschaft),
- der innenpolitischen Konstellation (Politische Nachfolge, Wirtschaftslage).

Wandlungsfähigkeit als Prämisse

In keinem arabischen Staat hat bisher eine Transition, das heißt ein Übergang von einem autokratischen zu einem demokratischen System stattgefunden.[25] Entgegen einer in den Sozialwissenschaften verbreiteten Meinung, die die autoritären arabischen Regime aufgrund kultureller Dispositionen (Islam) als resistent gegen Wandel beschreibt[26], hat sich das politische und wirtschaftliche System Syriens, wie das anderer Staaten des Nahen Ostens und Nordafrikas, in den letzten zwei Jahrzehnten gewandelt.[27] Dieser Wandel (Transformation)[28], kann als Pluralisierung oder Liberalisierung[29] der autoritären Systeme beschrieben werden. Merkmal einer Liberalisierung (im Gegensatz zu einer Demokratisierung) ist dabei der

---

[25] Brynen/Korany/Noble (1998), S. 4; Faath (2004), S. 8; Faath/Mattes (1999), S. 233.

[26] So etwa Samuel Huntington. Diese auf einer statischen Kultursicht basierende Annahme entbehrt zum einen jeglicher empirischer Überprüfung durch Vertreter dieser These, zum anderen widerspricht ihr der feststellbare sozioökonomische Wandel in den Staaten Nordafrikas und des Nahen Ostens seit der Unabhängigkeit dieser Staaten.

[27] Vgl. Jacobs/Mattes (2005), S. 20; Faath/Mattes (1999), S. 233; Brynen/Korany/Noble (1995), S. 5.

[28] In der Wissenschaft herrscht eine oft synonyme Verwendung von Begriffen wie Transition, Transformation, Liberalisierung, Regimewandel oder Systemwechsel, wie Wolfgang Merkel feststellt. Während bei einem „Systemwandel“ offen bleibt, ob dieser Prozess zu einem anderen Systemtyp führt, beschreibt der Begriff „Systemwechsel“ (Transition) Transformationsprozesse, die definitiv zu einem anderen Systemtypus führen. Herrschaftszugang, -struktur, -anspruch und -weise müssen sich grundlegend verändert haben. „Transformation“ hingegen wird „als Oberbegriff für alle Formen, Zeitstrukturen und Aspekte des Systemwandels und Systemwechsels benutzt“. Vgl. Merkel (1999), S. 74-76.

[29] Politische Liberalisierung beinhaltet die Erweiterung des öffentlichen Raumes durch die Anerkennung und den Schutz bürgerlicher Freiheiten, insbesondere jener, die sich auf die Möglichkeit des Bürgers beziehen, sich in freien politischen Diskursen zu engagieren, um gemeinsame Interessen zu verfolgen. Vgl. Brynen/Korany/Noble (1995), S. 3.

begrenzte Umfang der Öffnung des Systems, die zudem stets von der Systemspitze gelenkt wird und jederzeit revidiert werden kann.[30] Die Liberalisierung der Systeme äußert sich unter anderem in der Umsetzung politischer Reformen, so zum Beispiel in der Stärkung individueller Freiheiten, der Presse-, Meinungs- und Versammlungsfreiheit, der Minderung staatlicher Kontrolle und Gleichschaltung in einigen Bereichen des Systems oder der Erweiterung des Spektrums für öffentlich geführte Debatten.[31] Debatten über wirtschaftliche und auch politische Reformen finden so seit einigen Jahren auch in den Staaten des Nahen Ostens und Nordafrikas statt und stoßen, wie die Sozialwissenschaftlerin Salwa Ismail bereits 1995 bemerkt, auf großes intellektuelles Interesse in der arabischen Welt.[32] Seit der offensiveren Außenpolitik der USA nach dem 11. September 2001 und insbesondere seit der Demokratisierungsinitiative der USA bzw. der G8[33] beschäftigen sich die staatlichen arabischen Medien verstärkt mit dem Thema politische Reformen.[34]

Die Reformdebatte seit der Machtübernahme durch Baschar al-Asad kann somit als Ausdruck einer politischen Liberalisierung des autoritären Systems identifiziert werden

Stabilität und Wandel

Die politische Praxis der Regimeeliten in den durchgängig als autoritär[35] und neopatrimonial beschriebenen Staaten des Nahen Ostens ist auf maximale Machtsicherung und somit die Sicherung der Stabilität des politischen Systems ausgerichtet.[36] Diese hängt unter anderem von der Leistungskraft der Regierung, der Loyalität von Schlüsselgruppen, der Legitimität des Systems aber auch der Regelung der Nachfolgefrage ab.[37] Sinkt etwa die wirtschaftliche Leistungskraft, so kann sich das im neopatrimonialen Staat, der durch die Verteilung von Gütern die Loyalität seiner Klientel sichert, bedrohlich auf die Legitimation des Regimes und somit seine Stabilität auswirken.[38]

---

[30] Vgl. Dieterich (1999), S. 46.
[31] Vgl. Jacobs/Mattes (2005), S. 10.
[32] Vgl. Brynen/Korany/Noble (1995), S. 10.
[33] Auf dem G8-Gipfel in Sea Island im Juni 2004 wurde die von der Bush-Regierung initiierte Greater Middle East Initiative (GMEI) angenommen und zur Broader Middle East and North Africa Initiative (BMENAI) erweitert.
[34] Vgl. Ghawi/Sass (2005), S. 3; Faath (2004), S. 273.
[35] Vgl. *Bertelsmann-Transformation-Index* 2003 und 2005.
[36] Vgl. Faath (2003), S. 335.
[37] Nach Siegmar Schmidt hängt die „relative Stabilität autoritärer Systeme" neben den bereits genannten Faktoren vom intakten Gewaltmonopol staatlicher Institutionen, der Existenz funktionsfähiger Institutionen, den Besonderheiten der politischen Kultur und einem stabilen regionalen Umfeld ab. Vgl. Faath (2003), S. 334.
[38] Vgl. Jacobs/Mattes (2005), S. 135.

Das Fazit einer Analyse von Prozessen politischer Liberalisierung in arabischen Staaten, die Brynen, Korany und Noble vorlegten[39], ist, dass die Transformationsprozesse als Reaktion der Regime auf eine politische oder ökonomische Krise betrachtet werden können.[40] Diese Prozesse werden als verteidigende (*defensive*) *top down* Prozesse beschrieben, die nicht linear ablaufen, nicht irreversibel sind und zudem auf regionaler Ebene unterschiedlich ablaufen. Wie zahlreiche Länder der Region (Ägypten, Jordanien oder Tunesien) kämpfte auch das syrische Regime unter Hafiz al-Asad[41], Ende der 80er-Jahre mit den Folgen einer wirtschaftlichen Krise, die es zu wirtschaftlichen Reformmaßnahmen zwang.[42] Während diese in vielen Staaten im Rahmen eines Strukturanpassungsprogramms des Internationalen Währungsfonds (IWF) oder der Weltbank durchgeführt wurden,[43] waren die Reformen in Syrien selbst verordnet, glichen aber denen der offiziellen Strukturanpassungsprogramme: Austeritätspolitik, begrenzte Privatisierung und Anwerbung von Auslandsinvestitionen.[44] Mit dieser wirtschaftlichen Öffnung *(al-infitāḥ al-iqtiṣādīya)*[45] des staatskapitalistischen Systems ging so bereits in den 90er-Jahren eine begrenzte politische Liberalisierung einher. In Syrien äußerte sich diese in einer Parlamentsreform 1990, die den Volksrat von 165 auf 250 Sitze vergrößerte, der Freilassung politischer Gefangener, der Zulassung von Anwälten bei Prozessen gegen politische Gefangene und der Ankündigung, die Notstandgesetze *(qānūn aṭ-ṭawārī)* auf Angelegenheiten der staatlichen Sicherheit und öffentlichen Ordnung einzuschränken.[46] Hinnebusch resümiert, dass das Regime in den 90er Jahren eine Politik der *calculated decompression* und der Entspannung gegenüber der Unternehmerschicht verfolgte um seine Machtbasis zu erweitern und so das Regime zu stabilisieren.[47] Ein provisorisch sanierter ökonomischer Kontext Anfang der 90er Jahre (Finanzhilfe aus den Golfstaaten, gestiegene Ölrente) ermöglichte es dem Regime unter Hafiz al-Asad, weitere wirtschaftliche Reformen

---

[39] Vgl. Brynen/Korany/Noble (1998), S. 5.
[40] Siehe auch Jacobs/Mattes (2005), S. 135.
[41] Am 16. November 1970 stürzte der damalige Verteidigungsminister Hafiz al-Asad den amtierenden Präsidenten Salah Jadid durch einen Militärputsch, der im Nachhinein mit dem Euphemismus „Korrekturbewegung" *(al-haraka at-taṣḥīḥīya)* bezeichnet wurde. Asad fungierte zunächst als Ministerpräsident und wurde im März 1971 durch ein Plebiszit zum Präsidenten der Syrischen Arabischen Republik gewählt. Seine Amtszeit endete mit seinem Tod am 10. Juni 2000.
[42] Vgl. Picard (1994), S. 222. Gründe waren die Ineffizienz des öffentlichen Sektors, stagnierende Renteneinnahmen und akuter Devisenmangel. Vgl. Lobmeyer (1995), S. 82-85. Lobmeyer beschreibt die Öffnung als politische Strategie des Regimes, um den Status Quo zu erhalten (S. 85).
[43] Vgl. Jacobs/Mattes (2005), S. 135.
[44] Vgl. Perthes (1996), S. 248.
[45] In Anlehnung an die erste wirtschaftliche Öffnung Syriens 1971 *(al-infitāḥ al-awwal)*, wird diese Phase als zweite Infitah *(al-infitāḥ aṯ-Ṯānī)* bezeichnet.
[46] Vgl. Hinnebusch (1995a), S. 225; Picard (1994), S. 228.
[47] Hinnebusch (1998), S. 223.

zu verschieben.[48] Laut Brumberg haben diese Reformen in allen Staaten der Region den Charakter einer „politischen Überlebensstrategie". Diese *limited response* gegenüber den Gefahren einer wirtschaftlichen Krise sei, so Brumberg, dabei weder die Reflexion einer kulturellen Neigung zum Autoritarismus oder die Manifestation des Wiedererwachens der Zivilgesellschaft:

Instead, it mirrored the enduring legacies of 'populist authoritarianism' and the strategies that elites used to reimpose their hegemony without undertaking major economic or political reforms.[49]

Thesen

Begrenzter Wandel bedingt somit zu einem gewissen Grad die politische Stabilität des Systems.[50] Aus akteurstheoretischer Perspektive[51] ist solch eine politische Liberalisierung das Produkt einer vielschichtigen Veränderung innerhalb des Herrschaftsblocks, „in deren Verlauf sich die Bedrohungsperzeptionen der regimestützenden gesellschaftlichen Schichten gegenüber den oppositionellen Gruppierungen verringert".[52] Im Umkehrschluss bedeutet dies, dass das Regime mit einer Rücknahme der Liberalisierung reagiert, wenn sich die Bedrohungsperzeption gegenüber oppositionellen Gruppierungen erhöht.

In Bezug auf die erste Frage der Arbeit lautet folglich These I:

> Die Öffnung des autoritären Systems nach der Machtübernahme durch Baschar al-Asad war die Reaktion der Regimeelite auf eine Krise. Als die Folgen der Öffnung von der Regimeelite als Bedrohung für die Stabilität wahrgenommen wurden, reagierte diese mit repressiven Maßnahmen.

In engem Zusammenhang mit der ersten steht die zweite Frage nach der zögerlichen Umsetzung der Reformen seit der Machtübernahme durch Baschar al-Asad. Dabei ist festzuhalten, dass Eliten, die oben als maßgeblicher Akteur in der Debatte bestimmt wurden, als Akteursgruppe keine homogene Einheit bilden, sondern aus verschiedenen Strömungen *(hardliner – softliner)* bestehen. Der erfolgreiche Verlauf einer Liberalisierung ist akteurstheoretisch unter

---

[48] Vgl. Picard (1994), S. 222. Nach der Verabschiedung eines Gesetzes zur Anwerbung von Auslandsinvestitionen im Jahr 1991 (Gesetz Nr. 10) kam es zu keinen weiteren wirtschaftlichen Reformschritten in den 90er Jahren. Zur Wirtschaft unter Asad siehe Perthes (1995).

[49] Vgl. Brumberg (1995), S. 229f.

[50] Zur Korrelation von Wandel und politischer Stabilität siehe Faath (2003), S. 331.

[51] Aufgrund der zentralen Rolle der Akteure (Eliten) bietet sich bei der Untersuchung von Transformationsprozessen ein akteurstheoretischer Ansatz an. Vgl. Merkel (1999), S. 102; Mattes/Faath (1999), S. 213.

[52] Vgl. Merkel (1999), S. 103.

anderem davon abhängig, ob die *softliner* innerhalb der Regimeelite die *hardliner* vom Erfolg einer Liberalisierung überzeugen können, d.h. ob der Nutzen einer Liberalisierung, die Kosten einer Schließung des Systems übersteigen.[53] Neben der begrenzten Bereitschaft und dem Nutzenkalkül der Eliten, wirken sich jedoch auch andere Faktoren hinderlich auf eine Liberalisierung und somit die Umsetzung von Reformen aus. So stellen mehrere Autoren strukturelle Faktoren in den autoritären arabischen Staaten als hemmend für die Umsetzung von politischen und wirtschaftlichen Reformen dar, etwa hierarchische und klientelistische Gesellschaftsstrukturen, eine schwache Opposition, kooptierte gesellschaftliche Gruppen, Rentierökonomie, aber auch regionale Konflikte.[54]

In Bezugnahme auf die oben dargestellten Rahmenbedingungen der Debatte (Akteure, System, externe Faktoren und innenpolitische Konstellation) lautet folglich These II:

> Die Rahmenbedingungen der Debatte wirken hemmend auf die Umsetzung von politischen und wirtschaftlichen Reformen.

Vorgehen und Aufbau

Um nun die Fragen zu beantworten und die Thesen auf ihre Gültigkeit zu überprüfen, sollen zunächst in einem analytisch-deskriptiven Teil (II. Rahmenbedingungen der Reformdebatte) die vier Rahmenbedingungen dargestellt und ihr Einfluss auf Inhalt, Umfang und Auswirkungen der Reformdebatte untersucht werden. Da die Eliten als maßgeblicher Akteur in der Reformdebatte identifiziert wurden, sollen die Zusammensetzung und die Ziele der syrischen Regimeelite eingehend betrachtet werden.

Im dritten Teil der Arbeit (III. Die Reformdebatte seit der Machtübernahme durch Baschar al-Asad) sollen die Auswirkungen der Rahmenbedingungen auf die Debatte anhand einer ereignisgeschichtlichen Skizzierung der Reformdebatte von Juli 2000 bis Ende 2003 dargestellt werden.

In einem Fazit (IV.) sollen die Ergebnisse der Arbeit zusammengefasst und eine Einschätzung zukünftiger Entwicklung gegeben werden.

Die Untersuchung bezieht sich dabei hauptsächlich auf die europäische Sekundärliteratur zum syrischen System und den Entwicklungen seit 2000. Bei der Darstellung des Damaszener Frühlings und der folgenden Ereignisse stützen sich die Autoren dabei hauptsächlich auf zwei Quellen: Artikel und Interviews in arabischen Zeitungen[55] sowie auf persönliche Interviews

[53] Vgl. Merkel (1999), S. 105.
[54] Vgl. Dieterich (1999), S. 381-391; Wünsch (2005), S. 125; Jacobs/Mattes (2005), S. 140.
[55] Insbesondere *al-Hayat, as-Safir, al-Quds al-Arabi, ash-Sharq al-Awsat.*

mit internen Beobachtern.[56] Syrische Autoren beziehen sich zudem auf ihre persönlichen Erfahrungen. Um den Vorwurf einer eurozentrischen Beurteilung der innersyrischen Ereignisse zu entkräften und in der Überzeugung, dass für die Bearbeitung eines „ausländischen" Forschungsgegenstandes die Erfahrungen vor Ort erheblich zum Verständnis beitragen, stellen Interviews mit Aktivisten der syrischen Zivilgesellschaftsbewegung, die im Rahmen eines Forschungsaufenthaltes in Syrien geführt wurden, eine weitere Quelle dieser Untersuchung dar.[57] Zeitschriften, offene Briefe und Redemanuskripte sind die schriftlichen arabischen Quellen dieser Arbeit.

I.4 Literatur und Forschungsstand

Was generell in Bezug auf Syrien als Forschungsgegenstand festzustellen ist[58], gilt auch für das Thema dieser Arbeit: Die Zahl wissenschaftlicher Veröffentlichungen ist überschaubar. Zwar gibt es zahlreiche kürzere Artikel zu Baschar al-Asads Amtszeit, zu erwähnen sind an dieser Stelle die Veröffentlichungen des israelischen Historikers Eyal Zisser[59] und zwei Berichte der International Crisis Group (ICG). Was Monografien betrifft, so ist die Anzahl der Publikationen gering. Flynt Leverett hat mit „Inheriting Syria. Bashars Trial by Fire" ein eher populärwissenschaftliches Buch verfasst, in dem er die Herausforderungen des neuen Präsidenten analysiert und auf die Ereignisse des Damaszener Frühlings eingeht.[60] Die wohl umfangreichste, wenn auch eher populärwissenschaftliche und ereignisgeschichtliche Darstellung der Reformdebatte (2000 bis 2003) lieferte der britische Journalist Alan George, der für „Syria: Neither bread nor freedom" zahlreiche Vertreter der syrischen Zivilgesellschaftsbewegung interviewt hat.[61] Volker Perthes beleuchtet in einer Publikation drei Faktoren, die die Herrschaft Baschar al-Asads prägen – Ressourcen, Generationenwechsel und die sich wandelnde Regionalpolitik – und geht auf die innenpolitischen Ereignisse nach der Amtsüber-

---

[56] Aktivisten der syrischen Zivilgesellschaftsbewegung, in seltenen Fällen auch Regimevertreter.

[57] Der Aufenthalt erfolgte vom 1.5. bis 30.6.2005 im Rahmen des Programms „Kurzfristige Studienaufenthalte für Abschlussarbeiten" des Deutschen Akademischen Austausch Dienstes (DAAD). Eine Liste der Gesprächspartner, mit denen halbstrukturierte Interviews geführt wurden, findet sich im Anhang. Zudem fanden informelle Gespräche statt, die einen wertvollen Einblick in die gesellschaftliche Wirklichkeit und die staatlichen Restriktionen, denen diese unterlegen ist, geliefert haben.

[58] Für eine etwas ältere, in ihrer Aussage m.E. jedoch noch gültige Diskussion Syriens als Forschungsgegenstand siehe Perthes (1990), S. 13.

[59] Zisser (2003a), S. 39-61; S. 44-56; Zisser (2004), S. 239-256.

[60] Leverett (2005).

[61] George (2003).

nahme ein.[62] Im Rahmen einer Untersuchung des Elitenwandels in der arabischen Welt analysiert Perthes die Veränderungen innerhalb der syrischen „politisch relevanten Elite" und erörtert die Frage nach dem begrenzten Wandel seit der Machtübernahme durch Baschar al-Asad.[63] Den Einfluss des Irak-Krieges auf die innersyrischen Entwicklungen behandeln unter anderem die Untersuchung des langjährigen Syrienexperten Raymond A. Hinnebusch[64] und die Veröffentlichung von Carsten Wieland.[65] Zwei wichtige Aufsätze, die in deutscher Übersetzung vorliegen, verfasste der syrische Politologe Hassan Abbas im Rahmen eines Forschungsprojektes des Deutschen Orient Institutes. In einem kurzen Artikel thematisiert er die Inhalte und Träger der innersyrischen Debatte[66], in einem zweiten, längeren Beitrag untersucht er die Auswirkungen externer Demokratisierungsinitiativen, wie die GMEI, auf die innersyrische Reformdebatte.[67] Wie die Untersuchungen von Abbas, ist die Ausgabe der französischen politikwissenschaftlichen Zeitschrift *Confluences Méditerranée* vom Herbst 2002/03 von besonderem Wert, da hier Beiträge von syrischen Intellektuellen und Aktivisten der Zivilgesellschaftsbewegung zu verschiedenen Aspekten des *printemps syrien* aus dem Arabischen übersetzt und veröffentlicht wurden.[68]

Die hier aufgeführten, meist deskriptiven Arbeiten liefern Interpretationen für die Unterdrückung der Reformdebatte und den stockenden Reformprozess sowie wertvolles empirisches Material, auf das sich diese Arbeit stützt.[69]

Sigrid Faath kritisiert, dass es immer noch anstehe, Wandlungsprozesse in den arabischen Staaten systematisch zu untersuchen.[70] Zwar rechtfertige die Tatsache, dass in keinem arabischen Staat bisher eine Transition stattfand die Nichtbeachtung der Staaten im Rahmen der demokratischen Transitionsforschung, nicht aber im Fall der Transformationsforschung, „schließlich eignen sich die Staaten, um der Frage (...) nach dem „was stattfand" und „warum es so und nicht anders stattfand" nachzugehen. Weiter heißt es:

---

[62] Perthes (2004b).
[63] Perthes (2004a).
[64] Hinnebusch (2004).
[65] Wieland (2004), siehe auch Zisser (2003b); Strindberg (2004); Perthes (2004c).
[66] Abbas (2004), S. 127-136. Abbas selbst hat im April 1999 in Damaskus ein Diskussionsforum („Zirkel für kulturellen Dialog") gegründet.
[67] Abbas (2005), S. 407-442.
[68] Éditions L'Harmattan : *Confluences Méditerranée*, Un printemps syrien, 44 (Hiver 2002-2003).
[69] Neben deskriptiven Arbeiten gibt es analytische Literatur zum politischen und sozioökonomischen System Syriens. Verwiesen sei an dieser Stelle insbesondere auf die Arbeiten von Volker Perthes und Raymond A. Hinnebusch (siehe Literaturverzeichnis). Zwar haben sich die Machtverhältnisse innerhalb der Elite seit dem Tod Hafiz al-Asads verändert, nicht aber das System an sich, weshalb diese Arbeiten nicht an Gültigkeit verloren haben.
[70] Vgl. Faath/Mattes (1999), S. 191. Auf das Defizit systematischer Erforschung von Debatten und politischem Wandel in der arabischen Welt verweisen auch Brynen/Korany/Noble (1995), S. 5.

Es fehlen Untersuchungen, die nach den Auslösern und Ursachen für die Rücknahme von Liberalisierungsmaßnahmen und den Einsatz von staatlicher Repression fragen.[71]

Durch die Analyse der Reformdebatte in Syrien will die vorliegende Arbeit einen Beitrag zur Verringerung dieses Defizits leisten.

II Rahmenbedingungen der Reformdebatte

II.1 Das politische und sozioökonomische System Syriens

Das politische System[72] Syriens kann zunächst ganz allgemein als autoritäres[73] Regime bezeichnet werden und ist in seiner gegenwärtigen Form das Produkt der dreißigjährigen Herrschaft Hafiz al-Asads. Zwar veränderten sich seit der Machtübernahme Baschar al-Asads die Zusammensetzung der Regimeelite und die des Kabinetts, der neue Präsident agiert jedoch innerhalb derselben Strukturen, die zum einen sein Vater maßgeblich geprägt hat und die zum anderen für Staaten des Nahen Ostens und Nordafrikas typische Merkmale beinhalten.
Mit dem Putsch bzw. der „Revolution" baathistischer und nasseristischer Offiziere am 8. März 1963 *(Ṯaura aṯ-Ṯāmin min āṯār)* entstand in Syrien eine Doppelherrschaft der Arabisch Sozialistischen Baath Partei (ASBP: *ḥizb al-baᶜṯ al-ᶜarabī al-ištirākī)*[74] und der Armee. Die oberste Gewalt im Staat lag bis 1971 bei häufig fraktionierten Kollektiven, in deren internen

[71] Eine der wenigen Arbeiten, die den Wandel in arabischen Staaten systematisch analysieren sind die beiden von Brynen, Korany und Noble herausgegeben Bände sowie Salamé (1996). In den letzten Jahren gab es zudem Veröffentlichungen des deutschen Orient-Institutes zu Transformationsprozessen in den arabischen Staaten (siehe Literaturliste). Für Jordanien lieferte Renate Dieterich eine umfangreiche Darstellung und Analyse der Liberalisierungspolitik seit 1989 (Dieterich (1999)).

[72] Entsprechend dem dreidimensionalen Politikbegriff umfasst das politische System die Gesamtheit der politischen Institutionen, Prozesse und Inhalte politischer Entscheidungen. In Abgrenzung zu Begriffen wie Staat, Verfassung, Regierungssystem ist der Begriff politisches System enger festgelegt auf Herrschaftsformen, Regimetypen, gesellschaftliche und politische Repräsentation in einem Staat. Vgl. Nohlen/Schultze (2004), S. 732-734. Im Folgenden wird der Begriff „Regime" synonym benutzt.

[73] Autoritäre Systeme sind eine Unterform autokratischer Systeme. In Unterscheidung zu demokratischen und totalitären Regimen verfügen diese nach Juan Linz über einen eingeschränkten politischen Pluralismus und legitimieren sich nicht über eine allumfassende Weltanschauung, sondern über den Rückgriff auf einzelne Werte und „Mentalitäten" (wie Nationalismus, nationale Sicherheit), was eine pragmatischere Orientierung in der Politikformulierung erlaubt. Die politische Partizipation ist eingeschränkt und die Gesellschaft demobilisiert. Vgl. Merkel (1999), S. 36; Nohlen/Schultze (2004), S. 55-58.

[74] Im Folgenden bezeichnet als Baath-Partei. Die Partei entstand um 1952 aus einem Zusammenschluss der Arabischen Baath Partei, gegründet von Michel Aflaq und Salah ad-Din al-Bitar und der Arabischen Sozialistischen Partei Akram Hauranis. Zur Enstehung der Baath siehe Devlin (1976). Zum Baath-Putsch: Olson (1982), S. 81-106; Hinnebusch (2001).

Machtkämpfen sich schließlich der militärische Flügel der Baath-Partei um Hafiz al-Asad gegen den zivilen Flügel um den amtierenden Präsidenten Salah Jadid durchsetzte. Seit der Machtübernahme Hafiz al-Asads im November 1970 wurde die Herrschaft in Partei und Staat so umstrukturiert, dass sich qua Verfassung alle Macht in den Händen des Präsidenten bündelt.[75]

Wie Hinnebusch feststellt, herrscht „considerable controversy over how the Syrian Baᶜth regime may best be conceptualised, perhaps reflective of its complex nature."[76] Aufgrund der Doppelherrschaft von Partei und Militär spricht Itamar Rabinovich von einer *army-party symbiosis.*[77] Die Tatsache, dass der Asad-Clan der alawitischen Sekte[78] angehört und Alawiten seit 1966 überproportional in Militär und Geheimdiensten vertreten sind, rückte zudem den Konfessionalismus *(ṭāʾifīya)* in das Interesse der Syrienforschung.[79] Zwar war die Herrschaft Asads durch zunehmenden politischen Konfessionalismus gekennzeichnet und verstärkte die vertikale Segmentierung der Gesellschaft.[80] Dennoch kann das Regime nicht als reines Alawiten-Regime verstanden werden: Hafiz al-Asad begann bereits kurz nach seiner Machtergreifung die städtische, sunnitische Bourgeoisie in das System zu inkorporieren *(cross-sectarian coalition)*, wichtige Positionen an der Regimespitze sind bzw. waren mit Sunniten besetzt.[81] Aufgrund der Machtfülle in den Händen des Präsidenten ist in der Literatur in Bezug auf Syrien häufig von einer *presidential monarchy* die Rede, doch institutionell stützt sich die Herrschaft des Präsidenten im syrischen politischen System auf die drei wesentlichen Machtapparate im Staat: Bürokratie, Partei und Sicherheitskräfte.[82] Entscheidungen werden zudem im inneren Kern der Machtelite getroffen. Hinnebusch stellt jedoch

---

[75] Vgl. Perthes (1990), S. 237. Zu Syrien unter Asad siehe auch Olson (1982), S. 121-158; Seale (1988), S. 169-495; Van Dam (1996); Zisser (2001); Hinnebusch (2001), S. 65-166; Perthes (1990), S. 70-313.

[76] Vgl. Hinnebusch (2001), S. 1.

[77] Vgl. Rabinovich (1972).

[78] Die Alawiten (auch Nusairier) sind eine ethnisch-religiöse Gruppe, die vor allem in Syrien, Libanon und der türkischen Region um Antakya vorkommt. In Syrien macht diese schiitische Sekte 12 % der Bevölkerung aus (Sunniten 74%, Schiiten 16%, Christen 9%). Da Alawiten an eine Dreiheit von Muhammad, Ali und Salman, einem Prophetengefährten, glauben und eine Geheimlehre pflegen, wurden sie von Sunniten als Häretiker bezeichnet. So lautete auch der Vorwurf der Muslimbrüder an das Asad-Regime in den 70er Jahren.

[79] Perthes definiert Konfessionalismus als Zusammenhang von konfessioneller, tribaler oder regionaler Zugehörigkeit und politischer Macht. Vgl. Perthes (1990), S. 225.

Es herrscht jedoch Uneinigkeit über den Einfluss des Konfessionalismus auf die syrische Politik unter Hafiz al-Asad. Für eine Diskussion siehe: Perthes, Volker: Einige kritische Bemerkungen zum Minderheiten-Paradigma in der Syrien-Forschung, in: *Orient* 31/4, (1990), S. 571-582.

[80] Alawiten erfahren zudem keine kollektive Privilegierung und stellen keine geschlossene, soziale Gruppe dar. Konfessionalismus kann, so Perthes, eher als Mittel, nicht als Inhalt der Politik Asads betrachtet werden, vgl. Perthes (1990), S. 227.

[81] So Außenminister Faruq Sharaᶜ, Ex-Vizepräsident Abdelhalim Khaddam und Ex-Verteidigungsminister Mustafa Tlas.

[82] Vgl. Seale (1988), S. 85; Perthes (1990), S. 240.

fest, dass das politische System Syriens trotz seiner Komplexität nicht einzigartig sei, sondern als Version eines im Nahen Osten weit verbreiteten Staatstypus betrachtet werden kann: dem *populist-authoritarian regime.*[83]

Im Folgenden sollen die wichtigsten Merkmale des vielschichtigen syrischen Systems dargelegt werden und deren Einfluss auf Inhalt, Umfang und die Auswirkungen der Reformdebatte.

Neopatrimoniale Herrschaft

Analysen des syrischen politischen Systems, die sich auf die typischen Elemente der Herrschaftsform beziehen, orientieren sich meist am autoritären oder neo-patrimonialen Modell.[84]

Zu den Merkmalen neopatrimonialer Herrschaft zählen, dass

- das Machtzentrum eine enge Herrschaftselite bildet, die ihre Gemeinschaft durch bestimmte, nicht-erwerbbare Merkmale, wie die Zugehörigkeit zu einer bestimmten religiösen Gruppe oder Ethnie definiert.
- die Zentralgewalt sich einer wachsenden Bürokratie bei der Herrschaftsausübung bedient.
- auf horizontaler Ebene verschiedene Gruppen um die größtmögliche Nähe zur Macht konkurrieren. Durch die Schaffung einer Wettbewerbssituation auf horizontaler Ebene wird die vertikale Bedrohung des Herrschaftszentrums abgewendet.
- der Zugang zur Macht in erster Linie informell und personalisiert ist, wodurch persönliche Beziehungen und Klientelismus[85] wichtiger werden als staatlich festgelegte Ansprüche des Bürgers.
- der Erwerb knapper Ressourcen nicht aufgrund von Leistung, sondern auf Grundlage von Patronagebeziehungen[86] und der relativen Nähe zum Machtzentrum erfolgt, das deren Allokation kontrolliert, wodurch eine autonome Organisation der Gesellschaft nur schwach ausgebildet ist.

---

[83] Vgl. Hinnebusch (2001), S. 1.

[84] Im Folgenden nach Dieterich (1990), S. 102ff.; Perthes (1990), S. 223ff.

[85] Als Klientelismus wird definiert „ein wechselseitiges Abhängigkeitsverhältnis zweier Akteure (Individuen oder Gruppen), die über ungleiche Ressourcen verfügen, die sie zum beiderseitigen Nutzen einsetzen." Nohlen/Schultze, S. 408.

[86] „Günstlingswirtschaft", Kennzeichen von Patronage ist die Verfügungsgewalt der Patrone über öffentliche Ressourcen, die sie an ihre Anhänger verteilen können. Vgl. Nohlen/Schultze, S. 637f. Perthes definiert Patronage als Machttechnik, die eine politische Hierarchie schafft und sich auf ein Tauschverhältnis gründet, etwa Leistungen oder Zugänge gegen Loyalität. Vgl. Perthes (1990), S. 227.

Der Präsident stützt seine Herrschaft folglich auf ein System von Patronage- und Klientelbeziehungen, die sich vorwiegend, aber nicht ausschließlich entlang traditioneller (konfessioneller, tribaler und regionaler) Bindungen formieren. Strategisch wichtige Positionen an der Regimespitze sind mit Personen besetzt, die in einem direkten Loyalitätsverhältnis zum Präsidenten stehen.[87]

Dieses Verhältnis kann sich neben den genannten traditionellen auch auf berufliche oder freundschaftliche Beziehungen gründen.[88] Diese Gruppe um den Präsidenten steht an der Spitze einer Pyramide von Patronage-Netzen, die sich durch alle gesellschaftlichen Ebenen ziehen. Durch die politische Macht werden die Mitglieder der Elite ihrerseits zu Patronen, die ihre als Blöcke *(kutal)* oder Cliquen *(šilal)* bezeichneten Gefolgschaften im Staatsdienst unterbringen. Diese Bindungen verlaufen quer zu den formalen Strukturen von Bürokratie, Militär, Partei oder Gewerkschaften und rivalisieren mit diesen. Patronage ersetzt fehlende öffentliche Zustimmung zur Politik und aktiviert Unterstützung in Bevölkerungsschichten, die nicht zur eigentlichen Anhängerschaft des Regimes gehören. Zwei bedeutende Nachteile ergeben sich aus der Verwendung von Patronage als Herrschaftsmittel: Zum einen wirkt sie kontraproduktiv in Bezug auf die Effektivität politischen und administrativen Handelns, zum anderen besteht die Gefahr, dass bestimmte Blöcke sich zu unabhängigen Machtzentren entwickeln.

Ein weiteres Problem ist die Korruption *(fasād)*, ein Phänomen, das auf allen gesellschaftlichen Ebenen verbreitet ist und das sich während der Amtszeit Hafiz al-Asads ausgeweitet hat. Eine Tatsache, die unter anderem auf die niedrigen Löhne im Staatsdienst zurückzuführen ist.[89] Dabei sind die Grenzen zwischen Patronage und Korruption fließend.[90] Korruption ist jedoch, da sie dem Regime Gefolgschaft sichert, geplant und geduldet und wird erst dann bekämpft, wenn sie die Autorität des Regimes schmälert, in dem sie unabhängige Machtzentren unterstützt.[91] Um der öffentlichen Empörung entgegen zu wirken finden jedoch in regelmäßigen Abständen Antikorruptionskampagnen statt.[92]

---

87 Vgl. Perthes (1990), S. 228. Verwandte Asads haben zentrale Positionen in Armee und Sicherheitsdiensten inne, alle putsch-relevanten Armee-Einheiten stehen auch unter Baschar al-Asad unter dem Kommando von Alawiten.

88 Vgl. Zisser (2001), S. 33.

89 Vgl. Seale (1988), S. 448.

90 Laut Perthes kann man von Korruption sprechen, sobald „ die Beziehungen eines Beamten vorwiegend den privaten, materiellen Interessen dienen". Vgl. Perthes (1990), S. 232.

91 Vgl. George (2003), S. 14; Perthes (1990), S.237.

92 Ein weiterer Zweck der Kampagnen ist die Entfernung unliebsamer Personen aus Politik und Verwaltung. Kritik an Korruption war auch unter Hafiz al-Asad schon gestattet und dient als Ventil für den Unmut der Bürger. Diese richtet sich seit den 70er Jahren, so Lobmeyer, häufig gegen die „parasitäre Klasse" *(aṭ-ṭabaqa aṭ-ṭufailīya)*, eine kleine Gruppe von Geschäftsleuten, die ihren Reichtum illegalen Geschäften mit Vertretern des Regimes verdanken. Vgl. Lobmeyer (1994), S. 84.

Präsidiale Monarchie

Laut der Permanenten Verfassung *(ad-dustūr ad-dā'im)* von 1973,[93] die Syrien als eine volksdemokratische, sozialistische Republik beschreibt (Art. 1), ist der Präsident Oberbefehlshaber der Streitkräfte (Art. 103) und Vorsitzender des Obersten Verfassungsgerichts (Art. 139). Er ernennt und entlässt die Regierung, die ihm verantwortlich ist (Art. 95), kann das Parlament auflösen (Art. 107), außerordentliche Sitzungen einberufen (Art. 108) und ernennt Offiziere, Beamte (Art. 109) und Richter (Art. 139). Er kann ein Veto gegen vom Parlament beschlossene Gesetze einlegen (Art. 98) und Dekrete mit Gesetzeskraft *(marāsīm tašrī'īya)* erlassen (Art. 99), wohingegen das Parlament eine Zweidrittelmehrheit benötigt, um Dekrete und Vetos des Präsidenten abzulehnen (Art. 111). Nach dem Kriegsrecht ernennt er zudem Staatssicherheitsgerichte, deren Urteil er bestätigen, aussetzen oder verändern kann. Der Präsident ist Generalsekretär der Baath-Partei und somit Vorsitzender der obersten Parteiorgane der je 21 Mitglieder umfassenden „Nationalen Führung" *(al-qiyāda al-qaumīya)* und „Regionalen Führung" *(al-qiyāda al-qutrīya)*[94]. Des Weiteren ist er Präsident der NPF und ernennt seit 1985 das 90 Mitglieder starke Zentralkomitee *(al-lağna al-markazīya)*[95], aus dessen Mitte sich die Regionale Führung konstituiert. Die Herrschaft des Präsidenten stützt sich jedoch nicht alleine auf die ihm per Verfassung zugeschriebenen Kompetenzen, sondern auf drei zentrale Institutionen der Macht, an deren Spitze er jeweils selbst steht: Bürokratie, Partei und Sicherheitsapparat. Die Konstruktion der Macht im politischen System Syriens ist darauf ausgerichtet, dass Partei und Bürokratie sich nicht zu unabhängigen Machtzentren entwickeln.[96]

Die Bürokratie

Der bürokratische Apparat expandierte seit der Machtübernahme Hafiz al-Asads im Jahr 1970 enorm. Dies ist zum einen begründet durch die zunehmenden Aufgaben des Staatsapparates

---

[93] Vgl. Constitution of the Syrian Arab Republic, Ministry of Information, Damascus, 2002, abrufbar unter http://www.loc.gov/law/guide/syria.html, Stand: 18.04.2005.

[94] Faktisch ist die Nationale Führung der Baath-Partei der Regionalen Führung übergeordnet. Während erstere Führungsaufgaben in den nicht-syrischen Parteiregionen wahrnimmt, ist die Regionale Führung für die syrische "Region" zuständig. Da die Baath-Partei außerhalb Syriens eine marginale Rolle spielt, ist auch die Rolle der Nationalen Führung zu vernachlässigen. Vgl. Zisser (2001), S. 26.

[95] Dieses Parteiorgan wurde erstmals auf der 7. Regionalkonferenz der Baath-Partei 1980 gewählt.

[96] Vgl. Perthes (1990), S. 240. (Die folgende Beschreibung folgt weitgehend seiner Darstellung.) Ein weiteres Merkmal der Herrschaft Hafiz al-Asads war der Personenkult in Form von unzähligen Wandgemälden, Plakaten und Bildern mit dem Konterfei des Präsidenten. Ein Phänomen, das unter Baschar al-Asad auf seinen Wunsch hin zwar nachgelassen hat, jedoch immer noch zu beobachten ist. Siehe hierzu Wedeen (2000).

im Rahmen der gesamtökonomischen industriellen Entwicklung: Seit 1970 betreibt der Staat den Großteil der Industrie. Zum anderen zeigt sich wie der Staatsapparat als Instrument zur Vergabe von Ressourcen und somit Anbindung von Klientel genutzt wird. Die Hauptprobleme des Staatsapparates, verschuldet durch neopatrimoniale und autoritäre Strukturen, sind Korruption, personelle Überladung, Inkompetenz der Angestellten, Überzentralisierung, Kompetenzkonkurrenz verschiedener Behörden und eine Führungsstruktur, die keinen Raum für Partizipation lässt. Besonders durch die Überzentralisierung kommt es zur zähen Umsetzung von Beschlüssen; unterhalb der Ministerebene haben die Beamten kaum Befugnisse. Laut einer Erhebung der EU beschäftigt der öffentliche Sektor 73 Prozent der Arbeitskräfte, trägt jedoch nur 33 Prozent zum Bruttoinlandsprodukt bei.[97] Trotz mangelhafter Effizienz und hoher Kosten stellt der bürokratische Apparat aber ein wichtiges Instrument zur Integration und Kontrolle der Gesellschaft dar.

Die aktive Basis des Regimes in der Bürokratie hat mit dem Absinken eines Teils der Beamtenschaft an die Armutsgrenze jedoch ab- und die Interessenunterschiede in der Beamtenschaft zugenommen: Während die unteren und mittleren Schichten ihre Interessen zwar mit dem Staat nicht aber dem Regime verbinden, koppeln die oberen Schichten und die Spitze der Bürokratie und ihre Klientel ihre Interessen mit dem Regime, das ihnen unter anderem durch die Möglichkeiten einer Kooperation mit dem Privatsektor, legale aber auch illegale Profite sichert. In dieser Schicht ist das Reforminteresse daher gering, würden doch jegliche Maßnahmen der Effizienz- und Leistungssteigerung die privilegierte Stellung der Staatsbourgeoisie beschneiden (siehe S. 29f). Da weiter gehende wirtschaftliche Reformen jedoch langfristig eine Modernisierung und Straffung des aufgeblähten bürokratischen Apparats zur Folge haben, haben auch die mittleren und unteren Schichten kein Interesse an einer Reform.[98]

Der Sicherheitsapparat

Die zentrale institutionelle Säule der Macht ist der Sicherheitsapparat, bestehend aus Polizei, Militär[99] und Sicherheitsdiensten. Obwohl der Baath-Partei laut Verfassung eine übergeordnete Rolle in Staat und Gesellschaft zukommt, kann die zivile Staatsmacht das Militär nicht kontrollieren. Das 1963 in Kraft getretene Kriegsrecht *(qānūn al-ḥarb)* gesteht den Sicher-

---

[97] Euro-Med Partnership, "Country Strategy Paper", zitiert nach ICG II, S. 6.
[98] Vgl. ICG II, S. 6.
[99] Zum Militär siehe Syria´s Praetorian Guards: A Primer, *Middle East Intelligence Bulletin,* Vol. 2, No. 7 (5 August 2000); Bennet, Richard M.: The Syrian Military: A Primer, *Middle East Intelligence Bulletin,* Vol. 3, No. 8 (August/September 2001).

heitskräften weite Befugnisse zu.[100] Der vom Präsidenten ernannte *martial law governor* (der Premierminister) kann die Bewegungs- und Versammlungsfreiheit der Bürger einschränken und jede Person verhaften, die verdächtigt wird, die öffentliche Sicherheit und Ordnung zu gefährden. Briefe, Publikationen und Rundfunksendungen können zensiert werden. Zudem wurden im Jahr 1965 außerordentliche Militärgerichte *(maḥākim al-ᶜaskarīya)* eingerichtet, die zur „Verhandlung" politischer Fälle dienen. So entstand eine die gesamten Streitkräfte durchziehende Militärorganisation der Baath-Partei, auf die der zivile Apparat keinen Einfluss hat. Zisser bezeichnet diese zwei Aspekte des Regimes als *formal governmental system* auf der einen Seite, das dem Regime einen legalen Anstrich verpassen soll, und einem *informal ruling apparatus* auf der anderen Seite, in dem die wirklichen politischen Entscheidungen getroffen werden. Dieser informelle Herrschaftsapparat besteht hauptsächlich aus Führern des Sicherheitsdienstes und hohen Militärs und garantiert die Stabilität des Regimes.[101] Auch Ghalioun spricht von der „doppelten Natur des syrischen Regierungssystems": Zum einen existieren die „Institutionen des Putsches" (Präsident, Sicherheitsdienste, Kriegsrecht, Staatssicherheitsgericht), zum anderen die schwächeren „neuen Institutionen" (Parlament, NPF, Verfassung, Verfassungsgericht). Die weit reichenden Befugnisse des Präsidenten sichern die Verknüpfung beider Systeme und die Stabilität des Regimes.[102] Neben der Verteidigung gegen äußere Feinde – allen voran Israel – dient ein Großteil des Sicherheitsapparates dem Schutz gegen Feinde von innen. Sechs bis acht eigenständige, teilweise mit sich überschneidenden Kompetenzen ausgestattete Geheimdienste überwachen die Gesellschaft.[103] Durch die gegenseitige Kontrolle der Dienste und die überlappenden Kompetenzen wird vermieden, dass sich in ihnen zu viel Macht ansammelt. Die kollektive Privilegierung des Sicherheitsapparates (Wohnraum, Dienstfahrzeuge, höhere Einkommen und bessere Sozialleistungen als Beamte des öffentlichen Sektors) garantiert Zusammenhalt und Loyalität zum Regime.

---

[100] Das Kriegsrecht trat durch den Ausnahmezustand in Kraft, der am 8. März 1963, dem Tag des Baath-Coups, durch den Revolutionären Kommandorat erklärt wurde. Offiziell wird der Ausnahmezustand mit der militärischen Bedrohung durch Israel gerechtfertigt, gilt aber als „the central legal mechanism and justification for the Syrian repressive system". Middle East Watch (1991), S. 23.

[101] Vgl. Zisser (2001), S. 25ff.

[102] Vgl. Ghalioun (2003), S. 14f.

[103] Die syrischen Sicherheitskräfte bestehen unter anderem aus der Politischen Sicherheit *(al-amn as-siyāsī)*, dem Militärischen Geheimdienst *(al-muḫābarāt al-ᶜaskarīya)*, der unterteilt ist einen palästinensischen, einen investigativen und einen regionalen Flügel, der Allgemeinen Sicherheit *(al-muḫābarāt al-ᶜāmma)*, die in einen investigativen, inländischen und ausländischen Flügel unterteilt ist und dem Geheimdienst der Luftwaffe *(al-muḫābarāt al-ǧawwīya)*. Vgl. ICG II, S. 2; Syria's Intelligence Services: A Primer, *Middle East Intelligence Bulletin*, Vol. 2, No. 6 (1 July 2000); Middle East Watch (1991), S. 38-53.

Das Militär kontrolliert zudem Schlüsselbereiche der staatlichen Wirtschaft. So unterstehen dem Verteidigungsministerium die zwei größten Bauunternehmen Syriens, was den Angehörigen des Sicherheitsapparates Möglichkeiten zur illegalen Bereicherung durch Schmuggel oder durch Geschäfte mit dem Privatsektor bietet.

Die Partei

Die Baath-Partei ist gemäß Artikel 8 der Verfassung die „führende Partei in Gesellschaft und Staat“ *(al-ḥizb al-qāʾid fī-l-muǧtamaᶜ wa-d-daula)* und somit die „höchste politische Autorität im Staat“.[104] Sie führt die „Nationale Progressive Front“ (NPF: *al-ǧabha al-waṭanīya at-taqaddumīya*), der alle weiteren legalen Parteien angehören und für die zwei Drittel der 250 Sitze des Parlaments reserviert sind.[105] Da die Parteien innerhalb der Front loyal zum Regime sind, existiert somit keine legale Opposition in Syrien.[106] Unter Hafiz al-Asad machte die Partei einen Funktionswandel durch und ist heute eher ein Mobilisierungsinstrument und großes Patronagenetz als eine am politischen Entscheidungsprozess beteiligte Institution.[107] Nach Hafiz al-Asads Amtsübernahme wurde die Partei von Anhängern des alten Regimes gesäubert, die innerparteiliche Demokratie weitgehend abgeschafft (Ernennung von Funktionären, personale statt kollektive Führung) und die zentralistischen, autoritären Strukturen gestärkt. Auf den regionalen Parteikonferenzen, die in der Regel alle fünf Jahre stattfinden, werden die allgemeinen Linien der Politik, insbesondere der Wirtschafts- und Sozialpolitik, zwar relativ offen diskutiert, Außen- und Sicherheitspolitik sind jedoch ebenso tabu wie die Person des Präsidenten.[108] Die Ideologie der Baath[109] (arabischer Nationalismus, Panarabismus, Sozialismus) bleibt zwar legitimer Bezugsrahmen des Regimes[110], wie auch der Islam,

---

[104] Perthes (1990), S. 257.

[105] Der 1972 gegründeten NPF gehören neben der Baath-Partei folgende Parteien an: Der Baqdash- und der Faisal-Flügel der Kommunistischen Partei Syriens (KPS), die Arabische Sozialistische Partei (ASP), die Arabische Sozialistische Union (ASU), die Sozialdemokratischen Unionisten, die Sozialistischen Unionisten und seit 2003 die Syrische Sozialistische Nationalistische Partei (SSNP).

[106] Vgl. Lobmeyer (1994), S. 84.

[107] Vgl. Perthes (1990), S. 257. Die Partei ist parallel zur Bürokratie strukturiert und reicht bis in die Dörfer und Betriebe des öffentlichen Sektors. So müssen Parteikomitees etwa Beförderungen im öffentlichen Dienst befürworten und Unbedenklichkeitserklärungen abgeben, wodurch auch kleinere Funktionäre über Bereicherungsmöglichkeiten und soziale Macht verfügen. Vgl. Perthes (1990), S. 263.

[108] Unter Hafiz al-Asad fand der letzte (8.) Parteikongress im Jahr 1985 statt, er verstarb kurz vor dem 9. Parteikongress 2000. Der jüngste Kongress fand im Juni 2005 statt (siehe IV.).

[109] Zur Baath-Ideologie siehe Olson (1982), S. 3-19; Freitag (1991), S. 162-178, 248-255.

[110] In seiner Schlussrede auf dem 9. Baath-Kongress im Jahr 2000, bekannte sich Baschar al-Asad zur sozialistischen Ideologie der Baath-Partei und widersprach der Auffassung, dass Ideologien keine Rolle mehr spielten. Der Sozialismus müsse jedoch, wie etwa in China, flexibel gehandhabt werden. Vgl. Koszinowski (2001), S. 156.

alles in allem hat nach 1970 aber eine Entideologisierung der Politik stattgefunden. Unter Asad entwickelte sich die Partei so,

aus einer radikalen politischen Kraft (...) zu einer von der Spitze kontrollierten und gelenkten Organisation, (...) die politische Grundsatzentscheidungen einer Führungsgruppe aus Bürokratie, Militär und Regionalführung überlässt, deren Zusammensetzung der Präsident weitgehend selbst bestimmt.[111]

Volksorganisationen

Gemäß der Konzeption als Volksdemokratie sollten in Syrien neben Bürokratie, Partei und Militär, repräsentative, gewählte Volksorganisationen und Volksräte treten. Die wichtigsten dieser Organisationen sind der Bauernverband und der Allgemeine Gewerkschaftsbund. Die meisten der Volksorganisationen, z.B. der Frauen-, der Bauernverband und die „Revolutionsjugend" *(šabība aṯ-Ṯaura),* wurden in den Anfangsjahren der Baath-Herrschaft gegründet. Sie dienen der direkten Anbindung weiter Teile der Gesellschaft an das Regime, der Verbreitung der Baath-Ideologie sowie der Kontrolle gesellschaftlicher Aktivität. Gewerkschaften, Bauernverband, berufsständische Organisationen und der Frauenverband spielen auch die Rolle einer Interessenorganisation für ihre Mitglieder. Insbesondere die Gewerkschaften geben, wenn auch begrenzt, Raum für die Artikulation von Kritik, sei es auf Veranstaltungen oder in Gewerkschaftszeitungen. Für das Regime dient dies als Sicherheitsventil, birgt jedoch auch die Gefahr, dass sich diese Organisationen gegen das Regime wenden.[112]

Populist Authoritarianism

Hinnebusch beschreibt das autoritäre politische System Syriens näher als *populist authoritarianism* (PA), ein Regimetyp, der seinen Ursprung in einer „Revolution von oben" hat.[113] Diese Revolution von oben ist ein reformistischer Putsch, der eine massive Umwandlung der Eliten, politischen Institutionen und der Sozialstruktur mit sich bringt, jedoch ohne die gewalttätige Beteiligung der Massen abläuft, die typisch für Revolutionen „von unten" ist. In Syrien erfolgte dieser Putsch im Jahr 1963 durch eine anti-oligarchischen Allianz verschiedener Elemente der unteren Mittelklasse: Vertreter des Offizierskorps, marginalisierte Minder-

[111] Vgl. Perthes (1990), S. 266.
[112] Asad versuchte deshalb während der innenpolitischen Krise Ende der 70er Jahre die Loyalität von Gewerkschaften und Bauernverband zu sichern: Die Vorsitzenden beider Verbände wurden in die Zentrale Führung der NPF aufgenommen, die Beteiligung am politischen Entscheidungsprozess blieb aber auf ihre Repräsentation beschränkt, es kam also zu keiner wirklichen Teilhabe an der Macht. Vgl. Perthes (1990), S. 272f.
[113] Vgl. Hinnebusch (2001), S. 2; Pawelka (1993), S. 80-81.

heiten (Alawiten, Christen) und ein beträchtlicher Teil der Bauernschaft, die durch einen Landkonflikt mit den Großgrundbesitzern mobilisiert wurden. Diese Allianz wurde durch die pan-arabische, nationalistische und sozialistische Ideologie der Baath-Partei zusammengehalten und richtete sich zum einen gegen den Imperialismus, zum anderen gegen die Herrschaft der städtischen herrschenden Klasse (Großgrundbesitzer, städtische, sunnitische Notabeln). Nach dem Baath-Putsch 1963 wurde diese industrielle Bourgeoisie durch Verstaatlichungen und eine Landreform nahezu eliminiert. Während so die Bourgeoisie als Klasse absank, expandierten die Kleinbauernschaft und die lohnabhängige Mittelklasse. Das „populistische" Element beschreibt Hinnebusch wie folgt:

Insofar as the PA regime uses its concentrated power chiefly to attack the old dominant classes while seeking legitimacy through egalitarian ideology and the political incorporation of middle and lower strata, it is arguably 'populist', that is, an 'authoritarianism of the left' which challenges rather than defends the traditional, privileged status quo.[114]

Im Gegensatz zu so genannten „konservativen autoritären Regimen" (u.a. Chile), deren Basis die großen Landbesitzer sind und die deshalb Unterstützung bei einer wirtschaftlichen Liberalisierung und der Stärkung des Privatsektors erfahren, erschweren Basis (und Ideologie) des Baath-Regimes eine Öffnung auf wirtschaftlicher Ebene. Die Basis der Baath ist die Bauernschaft, die städtische Bourgeoisie hingegen der natürliche Rivale des Regimes. Das Regime muss also zu einem gewissen Grad seine soziale Basis wandeln, um eine Liberalisierung umsetzen zu können.[115] In der so genannten „post-populistischen Phase" suchen *populist authoritarian regimes* nach Stabilisierung durch eine begrenzte wirtschaftliche Liberalisierung, was der Bourgeoisie den Zugang zur Politik eröffnet. In Syrien geschah dies durch die Einbindung der sunnitischen Bourgeoisie seit 1970. Diese Öffnung wird jedoch sehr vorsichtig betrieben und ist begrenzt. Zum einen um die Unterstützung durch die Bauernschaft und Arbeiter nicht zu gefährden. Zum anderen weil das Regime fürchtet, dass diese Gruppe ein zu hohes Maß an Autonomie auf Kosten des staatlichen Herrschaftsmonopols zukommen könnte. Das Regime muss also die Bevorteilung der Landbevölkerung und der Arbeiter des öffentlichen Sektors bewahren, d.h. die Inflation zurückhalten und Arbeitsplätze sichern und schaffen, auch wenn diese Maßnahmen einer wirtschaftlichen Entwicklung zuwider laufen.[116] Die Bauernschaft verfügt zudem durch den bereits erwähnten Allgemeinen Bauernverband über einen institutionalisierten Zugang zum Regime. Der Verband wurde organisiert um den

[114] Vgl. Hinnebusch (2001), S. 2.
[115] Vgl. Hinnebusch (1998), S. 226.
[116] Vgl. Picard (1994), S. 225.

Großgrundbesitzern entgegentreten zu können und förderte ein System landwirtschaftlicher Kooperativen. Heute wird er in den Augen vieler Investoren, die eine liberalere Gesetzgebung fordern, als großes Hindernis betrachtet.[117]

Neben den strukturellen Eigenschaften des Baath-Regimes – ein stark ausgebautes Institutionengefüge, zentralisierte, personalisierte Herrschaft – und der Herrschaftssicherung durch Patronage, Kooptation und Repression, stellt auch die soziale Basis des Regimes ein Hindernis bei der Umsetzung von Reformen dar. Ein weiterer reformhemmender Aspekt ist zudem die relativ unabhängige wirtschaftliche Basis des Regimes.

Staatskapitalismus und Rentierökonomie

Gemäß Artikel 13 der Verfassung ist die staatliche Wirtschaft eine sozialistische Planwirtschaft, die das Ziel verfolgt, jegliche Form der Ausbeutung zu beenden. Neben öffentlichem und kollektivem Besitz ist Privatbesitz legal, der jedoch der Staatswirtschaft im Rahmen des Entwicklungsplanes dienen soll (Art. 14).

Nach Perthes kann das syrische ökonomische System am besten als staatskapitalistisches System beschrieben werden.[118] Für die 1963 an die Macht gekommene Führung war der staatliche Wirtschaftssektor das zentrale Instrument, um den erstrebten politischen und gesellschaftlichen Wandel durchzuführen. Zwar wurde durch die Verstaatlichungen die Macht der alten herrschenden Klasse zugunsten von Bauern, Arbeitern und Kleinbürgertum gebrochen, die Verfügungsgewalt über den öffentlichen Sektor lag jedoch ausschließlich in den Händen der politischen und militärischen Führungsschicht.[119] Mit der Machtübernahme durch Hafiz al-Asad wurden die sozialistischen Ziele zwar nicht aufgegeben, es wurde jedoch eine wirtschaftliche Öffnung verfolgt, um die Machtbasis des Regimes zu erweitern.

Diese Liberalisierung bedingte das Aufleben der alten und einer neuen privaten Bourgeoisie[120] und band somit einen wichtigen Teil der Bevölkerung, der nicht zur ideologischen Basis zählt, an das Regime. In den späten 70er-Jahren entstand so durch geschäftliche Beziehungen zwischen der Bourgeoisie und der bürokratischen und militärischen Elite, welche die Verfügungsgewalt über den öffentlichen Sektor innehatte, die „Staatsbourgeoisie", bestehend aus Mitgliedern der politischen Elite und Managern des staatlichen Wirtschaftssektors. Für

[117] Zwar ist der Großteil des syrischen Landbesitzes in privater Hand, zwei Drittel des Landes ist jedoch in den vom Staat abhängigen Kooperativen organisiert. Vgl. Hinnebusch (1998), S. 229.

[118] Vgl. Perthes (1990), S. 282.

[119] Vgl. Perthes (1990), S. 283.

[120] U.a. durch Lockerung der Restriktionen für privaten Handel und Transfers vom öffentlichen zum privaten Sektor durch Rohstoffimporte, Kredite und Mittlerdienste.

Vertreter der Staatsbourgeoisie wurde der öffentliche Sektor zur Patronage-Ressource und Platz illegaler Bereicherung unter anderem durch die Kontrolle von Einstellungsmöglichkeiten im Staatssektor und die Vermittlung von staatlichen Aufträgen an Privatunternehmer.[121] Die so genannte „neue kommerzielle Bourgeoisie“ oder „neue Klasse“ *(aṭ-ṭabaqa al-ǧadīda)* verdankt ihren Aufstieg einer weiteren wirtschaftlichen Öffnung des Regimes Ende der 80er, Anfang der 90er Jahre sowie persönlichen Beziehungen zu Politikern.[122] Mit den wirtschaftlichen Liberalisierungsmaßnahmen (begrenzte Privatisierung, Auflösung des öffentlichen Monopols über Außen- und Binnenhandel) gingen auch politische Liberalisierungsmaßnahmen einher, wie eine Erweiterung des Parlaments um unabhängige Sitze und größere Pressefreiheit. Zum einen um den Forderungen der neuen Bourgeoisie nach politischer Partizipation formal gerecht zu werden. Zum anderen um die unabhängigen Kräfte in das Regime zu kooptieren und so kontrollieren zu können.[123] Maßnahmen, die von Hinnebusch mit *calculated decompression*, von Brumberg mit *survival strategies* bezeichnet werden und die letztendlich dazu dienen, das Regime zu stabilisieren. Zwar haben Vertreter des Privatsektors ein Interesse daran, mehr Handlungsfreiheit zu gewinnen, etwa durch die Minderung von Regularien, Kredite oder die Umsetzung rechtsstaatlicher Prinzipien. Jedoch, so fragt Leca, warum sollte das durch eine Öffnung der Politik erreicht werden, wenn es durch die „Besetzung von Nischen in der Verwaltung“ möglich ist?[124] Zwar würde die Einführung rechtsstaatlicher Prinzipien, die Privatunternehmer absichern und Investitionen fördern, diese gleichzeitig aber auch verstärktem Wettbewerb aussetzen. Dies erklärt, warum sich einflussreiche Teile der Privatwirtschaft – die mit das größte Druckpotential gegenüber dem wirtschaftlich geschwächten Staat besitzen – nicht gesammelt für eine wirtschaftliche und politische Liberalisierung einsetzen.[125] Reichtum und Einfluss der neuen und der Staatsbourgeoisie hängen vom Staatssektor und der begrenzten wirtschaftlichen Öffnung ab. Eine weiter gehende Reform würde ihren Interessen zuwider laufen.[126]

---

[121] Vgl. Hinnebusch (1998), S. 229.

[122] Vgl. Becker/Bank (2004), S. 7. Mitglieder dieser Klasse arbeiten u.a. als Zwischenhändler bei Lieferverträgen des Staates mit der in- und ausländischen Privatwirtschaft und kassieren Kommissionen. „Diese Tätigkeiten sind nicht illegal, jedoch werden häufig illegale Methoden benutzt, um Geschäfte zu sichern“. Becker/Bank (2004), S. 40.

[123] Als weiterer Grund kann die Konsultation in wirtschaftlichen Fragen gelten. Vgl. Lobmeyer (1995b), S. 82-85.

[124] Vgl. Picard (1994), S. 227.

[125] Robinson merkt diesbezüglich jedoch an, dass die Mehrheit der Unternehmer nicht vom Status Quo profitiere, weswegen von dieser Gruppe Druck hinsichtlich wirtschaftlicher Reformen sowie einer politischen Liberalisierung zu erwarten sei. Vgl. Robinson (1998), S. 167ff.

[126] „(…) there is just too much money being made by important players from the market distortions caused by half-measures.“ Robinson (1998), S. 165f.

Ein weiteres wichtiges Merkmal des syrischen Systems ist die Tatsache, dass ein beträchtlicher Teil des Staatshaushalts durch Renten finanziert wird. Syrien wird in der Literatur als Semirentierstaat[127] bezeichnet. Rentenzahlungen erfolgen in Form von politischen Renten[128] und Ölrenten: Zwei Drittel des Exports und bis zu 50 Prozent des Staatseinkommens Syriens stammen aus dem Ölsektor.[129] Die Renteneinnahmen ermöglichen dem Regime die Allokation von Ressourcen nach innen, wodurch wichtige gesellschaftliche Gruppen im Rahmen der Patronagebeziehungen in das Regime eingebunden werden.[130] Auf gesellschaftlicher Seite führt dies, da sich nicht produktive Arbeit, sondern Patronagebeziehungen auf den individuellen Wohlstand auswirken, zur Ausbildung einer „Rentier-Mentalität". Wie hier deutlich wird, stehen die neo-patrimoniale Ausbildung der Herrschaftsstruktur in Syrien und der zentralistische Aufbau der Bürokratie in enger Wechselbeziehung zur Rentierökonomie.
Am deutlichsten treten die Charakterzüge des Rentierstaates in einer Krisensituation auf.[131] Sinken die Renteneinnahmen, dann steht der Staat Ansprüchen gegenüber, die er durch seine Politik der Allokation und Einbindung geschaffen hat und die er nicht mehr befriedigen kann. Diese Krise äußert sich weniger als ökonomisches Phänomen, denn als sozialpolitisches. Soziale Unruhen, vermehrte Kritik und drohender Widerstand aus Bürokratie und Militär und damit einhergehend der Legitimationsverlust des Regimes, veranlassen es zu repressiven Maßnahmen, denen zur Abfederung eine begrenzte Öffnung des Systems voraus gehen kann. Die Einkommensverluste müssen langfristig jedoch ausgeglichen werden. Dies kann zum einen durch interne wirtschaftliche und fiskalische Maßnahmen geschehen.[132] Zum anderen wird durch verstärkte Anwerbung eine Erhöhung des Rentenflusses angestrebt. Da Letzteres keine Selbstaufopferung der politischen Klasse bedeutet und schnellere Resultate verspricht, versuchen Rentierstaaten in der Regel, die Krise durch Renteneffektivierung zu bekämpfen. Stehen dem Staat ausreichend Renten zur Verfügung, genießt er eine relative Autonomie

---

[127] Rentierstaaten werden durch einen mindestens 40-prozentigen externen Anteil am Staatshaushalt in Form von Renten definiert. „Rentiers zweiten Grades (Semirentiers) stützen sich auf hohe Kapitalrenten (Kredite, Entwicklungshilfe, Entschädigungszahlungen als „Frontstaaten"), die sie von den Ölrentiers und den Industriestaaten wegen ihrer besonderen strategischen Bedeutung erhalten (Rentenäquivalente oder politische Renten)." Pawelka (1993), S. 106.

[128] Etwa Finanzhilfen aus den Golfstaaten aufgrund Syriens Beitritt zur Golfkriegskoalition (1990/91) oder Syriens Frontstellung zu Israel.

[129] Vgl. Perthes (2004a), S. 99.

[130] Die Ungleichbehandlung im Allokationsprozess kann jedoch auch Widerstand erzeugen (Iran, Algerien). Indem der Staat durch die interne Rentenverteilung neue Gruppen und Klassen nach oben bringt, die Einfluss auf den Staat ausüben, erzeugt er selbst gesellschaftliche Ansprüche. Die Fähigkeit zur Abwehr dieser Ansprüche hängt von einem ungeschmälerten Rentenfluss ab. Vgl. Pawelka (1993), S. 108.

[131] Vgl. Pawelka (1993), S. 109.

[132] Effektivierung und Mobilisierung der einheimischen Ressourcen, Drosselung der Staatsausgaben, Impulse für die produktiven Wirtschaftssektoren.

gegenüber gesellschaftlichen Partizipationsforderungen. So müssen außenpolitische Aktionen und Koalitionen sowie innenpolitische Liberalisierungsmaßnahmen (politische Reformen) in einem Semirentierstaat wie Syrien auch immer unter dem Blickwinkel der Rentenaneignung betrachtet werden.[133] Zwar kann man berechtigte Kritik an der Erklärungskraft des Rentier-Modells äußern,[134] dennoch lassen sich hieraus, neben der Förderung von klientelistischen Strukturen, weitere Folgen bezüglich der zögerlichen Umsetzung von Reformen ableiten. Auch wenn man davon ausgeht, dass sich Baschar al-Asad der Notwendigkeit wirtschaftlicher Reformen bewusst ist (siehe II.4.2.) und eine Umsetzung dieser verfolgt, so profitierte die syrische Wirtschaft doch seit Mitte 1999 von gestiegenen Ölpreisen und bis 2003 von illegalen Öl-Importen aus dem Irak[135], die es Syrien ermöglichten den Großteil seiner eigenen Ölproduktion (500 000 Fass/Tag) auf dem Weltmarkt zu verkaufen.[136] Die Einnahmen ermöglichten es Baschar al-Asad, die Löhne und Renten im öffentlichen Sektor anzuheben, und sich auf diese Weise Sympathien und Loyalitäten zu sichern und sich somit relativ unabhängig von gesellschaftlichen Reformforderungen zu machen.

Schlussfolgerung

Eine Reihe von Merkmalen des syrischen Systems schränken Inhalt, Reichweite und insbesondere die Auswirkungen von Reformdebatten grundsätzlich ein. Die in dieser Arbeit diskutierte Debatte findet im Kontext eines autoritären Regimes statt, dessen öffentlicher Raum durch die staatlichen Institutionen kontrolliert wird und kaum Möglichkeiten zur Partizipation bietet. Der seit 1963 herrschende Ausnahmezustand ermöglicht den Sicherheitskräften die legale Unterdrückung jeglicher Opposition. Durch die in der Verfassung verankerte Vorherrschaft der Baath-Partei finden legale politische Aktivitäten nur im Rahmen der NPF statt. Durch die Schaffung von Möglichkeiten zur persönlichen Bereicherung, die Kooptierung breiter Bevölkerungsschichten durch Patronage und die Kanalisierung sozialer Kräfte durch eine Vielzahl von korporatistischen Organisationen sowie durch den Einsatz von

[133] Dieser Aspekt darf jedoch auch nicht überbewertet werden, da Syriens Förderer (EU) in erster Linie die Umsetzung von wirtschaftlichen Reformen verfolgen. So argumentiert Wünsch im Bezug auf Jordanien. Vgl. Wünsch (2005), S. 123.

[134] Indem es Ölreichtum mit autoritärer Herrschaft verbindet, kann es als überdeterministisch betrachtet werden, während es historische und kulturelle Einflussfaktoren nicht genug beachtet. Zudem hat es Schwierigkeiten, Wandel, außerhalb ökonomischer Krisen, zu erklären, so etwa die Hochs und Tiefs in den Liberalisierungsprozessen in Ägypten und Jordanien. Vgl. Brynen/Korany/Noble (1995), S. 16.

[135] Vgl. Koszinowski (2000), S. 156; Koszinowski (2001), S. 160; Koszinowski (2002), S. 169; Fürtig (2003), S. 171; Beck (2004), S. 173.

[136] Vgl. Beck (2004), S. 173.

repressiven Mitteln und einem ideologischen Legitimationsrahmen sichert sich das Regime die „Unterstützung“ durch die Bevölkerung, erschwert oder verhindert jedoch auch die Liberalisierung des Systems und die Umsetzung von Reformen. Ein schwerfälliger, überzentralisierter bürokratischer Apparat blockiert die Umsetzung von Entscheidungen. Zwar könnte sich die Entideologisierung der Partei förderlich auf wirtschaftliche Reformen auswirken. Breite Teile der Elite, Vertreter des Privatsektors, aber auch die traditionelle Basis des Regimes (Bauernschaft und Arbeiter), verfolgen kein Interesse an weiter gehenden Reformen.

II.2 Die Akteure

Abhängig von ihren Strategien, der Machtfülle ihrer Positionen sowie den damit einhergehenden Handlungsmöglichkeiten, bestimmen die beteiligten Akteure Inhalt und Verlauf der Reformdebatte. Dabei kommt, wie eingangs festgestellt, der Staatsführung die zentrale Rolle zu, da nur sie im autoritären politischen System über die Position und die Möglichkeiten verfügt, den Spielraum für Debatten auszuweiten oder einzuschränken und Reformen umzusetzen. Dynamik und Themensetzung der Reformdebatte werden jedoch von den oppositionellen Kräften entscheidend geprägt. Insgesamt sind an der syrischen Reformdebatte drei Akteursgruppen maßgeblich beteiligt: Die Staatsführung, die syrische Opposition und externe Akteure.[137]

Da letztere Gruppe zwar einen Einfluss auf den Verlauf der Debatte hatte, dieser jedoch nicht gleichzusetzen ist mit der Bedeutung der innersyrischen Akteure, werden die EU, die USA und das regionale bzw. internationale Umfeld in einem gesonderten Kapitel (II.3. Externe Faktoren) behandelt.

II.2.1 Die Staatsführung

Zwar läuft alle Autorität im syrischen System laut Verfassung in den Händen des Präsidenten zusammen. Die politischen Entscheidungen werden jedoch innerhalb der Kernelite[138], einem

[137] Vgl. Abbas (2005), S. 409.

[138] Perthes gibt den Einflussgrad innerhalb der Elite mit einem Modell dreier konzentrischer Kreise an: Im ersten Zirkel, der Kernelite, werden strategische Entscheidungen getroffen, im zweiten Zirkel (Zwischenelite) befinden sich Personen, die Entscheidungen von geringerer Bedeutung treffen. Der dritte Zirkel umfasst die Subelite: weniger einflussreiche Personen, die strategische Entscheidungen indirekt beeinflussen können oder die nationale Agenda durch ihre Positionen (Regierung, Verwaltung, Medien) mitprägen. Vgl. Perthes (2004a), S. 6f. Generell werden als Elite Personen in Spitzenpositionen in Regierung, Verwaltung oder Politik bezeichnet,

kleinen Kreis von Personen getroffen, an deren Spitze der Präsident steht. Es ist im Folgenden also von der Macht- oder Regimeelite als kollektiver Akteur in der Debatte auszugehen. Diese politische Elite ist weder statisch noch homogen. Seit der Machtübernahme durch Baschar al-Asad fand ein umfangreicher Wandel innerhalb der Regimeelite statt, der sich in der Zusammensetzung der Kabinette von 2001 und 2003 widerspiegelt.
Der Personalwechsel und die Heterogenität der Elite lassen sich auch am öffentlichen Diskurs und den Maßnahmen der Staatsführung seit 2000 ablesen.

Die Regimeelite unter Hafiz al-Asad

Die Kernelite um Hafiz al-Asad, welche letztlich die Nachfolge Baschar al-Asads sicherte, reflektiert die Mächtekoalition, auf der das syrische Regime gegründet ist. Sie besteht hauptsächlich aus alawitischen Vertretern des Sicherheitsapparates, aber auch aus Sunniten. Neben absoluter Loyalität ist der persönliche Status oder der Status der Institution innerhalb des syrischen Kräftegefüges ein wichtiges Kriterium für die Zugehörigkeit zum inneren Zirkel. Armeekommandeure oder Leiter der Sicherheitsdienste haben somit großen Einfluss und bilden einen wichtigen Bestandteil der syrischen Herrschaftselite, wohingegen den meisten Ministern der Zugang zur Kernelite verwehrt bleibt.[139]
Unter Hafiz al-Asad zählten unter anderem Vizepräsident Abdelhalim Khaddam, Verteidigungsminister Mustafa Tlas, der Leiter der Geheimdienste Hikmat Shihabi, Außenminister Faruq Shara[c], Premier Ahmad al-Zu[c]bi und Asads Brüder Rif[c]at und Jamil zu diesem Personenkreis. Die Zusammensetzung der Elite änderte sich kaum während Hafiz al-Asads Amtszeit, eine Tatsache, die auf die Loyalität der Personen um Asad schließen lässt, aber auch auf Asads Streben, den Status Quo zu bewahren.[140] Erst gegen Ende der 90er-Jahre begann eine geringfügige Umgestaltung der Machtelite, um die „Thronfolge" Baschars vorzubereiten. Was nun die Entscheidungsprozesse innerhalb dieser Elite angeht, so können diese, aufgrund der mangelnden Transparenz der Abläufe, nicht mit Sicherheit bestimmt werden. Beobachter sind sich jedoch weitgehend einig, dass Hafiz al-Asad die allgemeinen Richtlinien der Politik

---

die tatsächlich politische Macht ausüben, oder Personen die durch ihre strategische Position direkten, substantiellen und regelmäßigen Einfluss auf den politischen Entscheidungsprozess nehmen. Vgl. Perthes (2004a), S. 5.
139 Vgl. Zisser (2001), S. 30.
140 Vgl. Van Dam (1996); S. 118f; Zisser (2001), S. 31.

bestimmt hat und zudem die Macht besaß, „wichtige politische und personelle Entscheidungen auch ohne die Zustimmung formal zuständiger Institutionen zu treffen (…).“[141]

Die Regimeelite unter Baschar al-Asad

Mit der Amtsübernahme erlangte Baschar al-Asad zwar alle offiziellen Posten, die sein Vater innehatte, sein Machtstatus innerhalb der Elite war jedoch nicht derselbe: Während die langjährigen Mitglieder der Elite ihre Position Hafiz al-Asad und ihrer Loyalität zu ihm verdankten, schuldete Baschar seine Position genau dieser Elite – ein Umstand, der seinen Handlungsspielraum massiv einschränkt (siehe hierzu II.4.1.). Asad war also zumindest zu Beginn seiner Herrschaft auf die Unterstützung der langjährigen Berater seines Vaters angewiesen (was in der Beibehaltung des Vizepräsidenten, sowie des Außen- und Verteidigungsministers während der Kabinettsumbildungen deutlich wird). Doch um seine eigene Machtbasis zu schaffen, musste er, gemäß den Mechanismen des neopatrimonialen Systems, strategische Positionen in den zentralen Machtinstitutionen Bürokratie, Partei und Sicherheitsapparat mit loyalen Personen besetzen. Mit der Machtübernahme begann so ein weitläufiger, personeller Wechsel innerhalb der Regimeelite – der umfangreichste seit der Machtergreifung Hafiz al-Asads. Neben dem neo-patrimonialen Aspekt der Machtsicherung kann dieser Schritt auch als Absicht Asads gedeutet werden, Personen in zentrale Positionen zu bringen, die seine Reformagenda mittragen und zudem die notwendigen Qualifikationen für eine Modernisierung von Wirtschaft und Verwaltung mitbringen. Viele der neuen Minister in den Kabinetten von 2000 und 2003 haben im Ausland studiert und gearbeitet (hauptsächlich in den Bereichen Wirtschaft und Ingenieurwesen), drei der neuen Minister des Kabinetts von 2003 sind Mitglieder der Syrian Computer Society (SCS), der Baschar al-Asad vor seiner Amtsübernahme vorstand und durch die er sich seinen Ruf als Reformer erwarb.[142] Zudem stehen die neuen Minister für eine transparente, unbestechliche Regierungsweise. Nach der relativ umfangreichen ersten Kabinettsumbildung[143], blieben die Auswirkungen der zweiten jedoch gering. Einige von Asad ernannte Minister, die als Technokraten galten, mussten ihren

[141] Perthes (1990), S. 241. Ellen Lust-Okar sieht in der Tatsache, dass Hafiz al-Asad eine Erbfolge durchsetzen konnte, einen Hinweis auf seine unangefochtene Machtstellung in den 90er Jahren. Vgl. Lust-Okar in Cantori (2002), S. 113.

[142] Vgl. Perthes (2004a), S. 92.

[143] Neu besetzt wurden hauptsächlich wirtschaftsrelevante Ressorts (Wirtschaft, Finanzen, Öl) für die Technokraten, wie der ehemalige Weltbank Mitarbeiter Ghasan al-Rifaᶜi, ausgewählt wurden. Rund ein Drittel der Mitglieder des 35 Ressorts umfassenden Kabinetts waren keine Baath-Mitglieder, insgesamt wurden 16 neue Minister ins Kabinett berufen. Vgl. Koszinowski (2001), S. 167.

Posten wieder abgeben.[144] Das Kabinett von 2003 spiegelte die nach wie vor wichtige Stellung der drei staatlichen Institutionen, Bürokratie, Partei und Militär wider. Das Parlament hingegen fungiert eher als konsultatives Organ und stellt nicht in erster Linie einen Rekrutierungspool für Führungspersönlichkeiten in Politik und Verwaltung dar.[145]

Zwei Strömungen in der Regimeelite

Zur Kernelite unter Baschar al-Asad konnten drei Jahre nach Amtsantritt etwa ein Dutzend Leute aus Regierung, Sicherheitsapparat und der Familie des Präsidenten gezählt werden.[146] Dieser gehören zum einen Personen an, die ihren Posten Hafiz al-Asad verdanken: unter ihnen Vizepräsident Khaddam, Verteidigungsminister Tlas, Außenminister Shara^c, der stellvertretende Generalsekretär der Baath-Partei sowie Muhammad Makhlouf, der Onkel Baschar al-Asads.[147] Personen, die „von Baschars Gnaden" dem inneren Zirkel angehören, sind etwa sein jüngerer Bruder Mahir al-Asad, sein Schwager Asef Shawkat, Innenminister Ali Hajj Hammud, der Leiter der Allgemeinen Sicherheit sowie einige wenige Minister, die als enge Berater des Präsidenten gelten. Die Machtstellung des Präsidenten innerhalb der Kernelite lässt sich, genauso wie ihre Zusammensetzung, nicht mit letzter Sicherheit bestimmen. Im Jahr 2003, so stellt Perthes fest, könne Baschar al-Asad als wichtigster Entscheidungsträger innerhalb der Regimeelite betrachtet werden, jedoch nicht als alleinige Machtquelle.[148] Michel Kilo bezeichnet Asad als „primus inter pares" in der Kernelite und „Koordinator der Macht", bemerkt jedoch auch, dass er die Zusage des inneren Zirkels zu seiner Politik brauche.[149] Wie eingangs erwähnt, ist die Elite nicht homogen. Häufig ist in Presse und wissenschaftlicher Literatur bezüglich der syrischen Elite von der Dichotomie „Alte Garde" versus „Neue Garde" die Rede. Erstere halte Baschar al-Asad von der Umset-

[144] Tlas, Shara^c, Khaddam und acht weitere Mitglieder des alten Kabinetts behielten ihre Posten, Informationsminister Adnan Umran und Industrieminister Issam al-Za^cim, die beide als Reformer galten, wurden abgelöst. Ghassan al-Rifa^ci, Minister für das neu gegründete Ressort Handel und Gewerbe (zuvor Wirtschaft) musste Kompetenzen an das Finanzministerium abgeben. Zwar waren nur noch 17 anstatt 19 Mitglieder der Baath-Partei im Kabinett von 2003 vertreten, jedoch stieg ihr prozentualer Anteil, da die Ministerien von 35 auf 31 reduziert wurden. Vgl. Beck (2004), S. 169f.

[145] Vgl. Perthes (2004a), S. 92. Im Allgemeinen sind Provinzgouverneure, hohe Offiziere im Sicherheitsapparat und Kabinettsmitglieder mit sicherheitsrelevanten Portfolios Baath-Mitglieder.

[146] Vgl. Perthes (2004a), S. 90.

[147] Das „Makhlouf-Imperium", der Klan von Baschar al-Asads Mutter, wird aufgrund seiner Verstickungen in Korruption und illegaler Geschäfte in Syrien als „Mafia" bezeichnet.

[148] Vgl. Perthes (2004a), S. 89.

[149] Interview mit der Verfasserin, 1.7.2005.

zung seines Reformprogramms ab, so eine häufige Erklärung.[150] Da die verschiedenen Positionen innerhalb der Machtelite jedoch Generationsgrenzen überschreiten, bietet es sich eher an, von verschiedenen Strömungen zu sprechen.[151] Generell lassen sich zwei Strömungen innerhalb der Machtelite um Baschar al-Asad unterscheiden:[152]

- Modernisierer und Technokraten, repräsentiert durch Baschar al-Asad und sein „Reform-Team".[153] Diese Strömung verfolgt eine wirtschaftliche Öffnung und eine Strukturreform, um die Wirtschaft anzukurbeln und Syrien international wettbewerbsfähig zu machen. Zeichen hierfür sind etwa die intensivierten Verhandlungen um ein Assoziationsabkommen im Rahmen der EMP seit 2000 sowie einige legislative Maßnahmen.[154] Darüber hinaus verfolgen Vertreter dieser Strömung einen transparenteren Regierungsstil und eine begrenzte politische Liberalisierung, die sich etwa in der anfänglichen Toleranz gegenüber den Diskussionsforen äußerte.
- Konservative Hardliner finden sich in der Baath-Führung, und den oberen Bereichen von Bürokratie und Teilen des Sicherheitsapparates.[155] Man kann davon ausgehen, dass sich auch die konservativen Mitglieder der Regimeelite der Notwendigkeit von Reformen bewusst sind.[156] Sie vertreten jedoch eine andere Meinung bezüglich Umfang und Geschwindigkeit von wirtschaftlichen und administrativen Reformen. Wie in II.1. dargelegt wurde, verbindet die Staatsbourgeoisie, genau wie die neue Bourgeoisie, vielfältige Interessen mit dem öffentlichen Sektor. Eine weiter gehende Privatisierung etwa würde die Geschäfte zwischen den beiden Gruppen empfindlich stören – die Kosten einer Öffnung würden für diese Gruppe also den Nutzen bei weitem übersteigen, weshalb diese Strömung keine tiefer gehenden Reformmaßnahmen unterstützt.

---

[150] Gambill merkt an, dass der Begriff bereits seit Mitte der 90er Jahre unter westlichen Syrien-Beobachtern Verwendung findet. So wurde bereits Hafiz al-Asad angeblich durch die „Alte Garde" davon abgehalten, einen Friedenvertrag mit Israel zu unterzeichnen. Gambill kritisiert, dass durch die Anführung einer konservativen „Alten Garde", gegen die sich der Präsident nicht durchsetzen könne, suggeriert würde, dass es lediglich diese mangelnde Durchsetzungskraft sei, die den an sich reformwilligen Präsidenten an der Durchsetzung von Reformen hindere. Vgl. Gambill, Gary: The Myth of Syria´s Old Guard, *Middle East Intelligence Bulletin,* Vol. 6, No. 2/3 (February-March 2004); ICG II, S. 5f.

[151] "It has nothing to do with generations. It has to do with mindsets." So die Aussage eines westlichen Diplomaten, zitiert nach ICG II, S. 5.

[152] Vgl. Perthes (2004a), S. 98.

[153] Hierzu kann man den ehemaligen Wirtschaftsminister Ghassan al-Rifa^{c}i zählen, den Ökonomen Nabil Sukkar oder den Tourismusminister Sa^{c}dallah Aga al-Qal^{c}.

[154] Etwa die Zulassung von Privatbanken, die Genehmigung zum Handel in ausländischer Währung, die Zulassung von Automobilimporten oder die Schließung der Wirtschaftsstrafgerichte.

[155] Als Vertreter dieser Strömung gelten Vizepräsident Abdelhalim Khaddam, Rami Makhlouf oder Bahjat Suleiman, der Chef der Inneren Sicherheit.

[156] „The much talked about split between 'hardliners' and 'reformers' centres more on its (the reform) pace and direction than on whether it is necessary". Vgl. Strindberg (2004), S. 64.

Neben diesen beiden Strömungen existiert noch eine dritte: Die „liberalen Reformer" betonen die Notwendigkeit eines grundlegenden Wandels der Regimestrukturen und vertreten zudem die Position, dass wirtschaftliche Reformen ohne politische Reformen nicht durchführbar seien. Vertreter dieser Strömung sind unabhängige Abgeordnete und Intellektuelle, von denen einige durch Baschar al-Asad in beratende Positionen gehoben wurden.[157] Generell betrachtet sich diese Gruppe als „loyale Opposition", welche die Legitimation des Präsidenten nicht anzweifelt, aber deutlich Kritik an der Politik des Regimes übt und neben der wirtschaftlichen Öffnung auch eine politische Liberalisierung bzw. eine Demokratisierung des Systems anstrebt.[158] Während des Damaszener Frühlings versuchten Vertreter dieser Strömung die Reformagenda zu bestimmen und Einfluss auf politische Entscheidungen zu nehmen. So etwa der unabhängige Abgeordnete und Unternehmer Riyad Seif, der 2001 die Gründung einer Partei ankündigte. Diese Versuche wurden von der Regimeelite jedoch abgewehrt. Vertreter dieser Strömung agieren daher ausschließlich außerhalb der Kernelite.

Die Differenzen innerhalb der Kernelite bezüglich der Umsetzung von wirtschaftlichen und politischen Reformen und der ungebrochene Einfluss von Vertretern der konservativen Strömung auf strategische Entscheidungen werden an politischen Entscheidungen deutlich.[159] So sollen Sicherheitsdienste etwa eine Entscheidung Baschar al-Asads im Juli 2003 blockiert haben, laut welcher er Oppositionellen im Exil bei einer Rückkehr nach Syrien individuelle Amnestie garantieren wollte.[160] Ein weiterer Fall ist die von Asad initiierte Entscheidung für eine strikte Trennung zwischen Parteiinstitutionen und der Tagespolitik, die im Juni 2003 durch die Regionalführung bekannt gegeben und als Versuch des Präsidenten gewertet wurde, mehr nicht-Baathisten in Regierungspositionen zu bringen. Trotz des Beschlusses stieg im Kabinett von 2003 der Anteil der Baath-Mitglieder, einige von Baschars engen Beratern, wie der Ökonom Nabil Sukkar wurden nicht ernannt bzw. mussten ihren Posten wieder abgeben.[161] Der Wirtschaftsminister Ghassan al-Rifa^{c}i äußerte in einem Interview Ende April 2002, dass Reformen „Widerstand auf allen Ebenen" erfahren würden.[162] Auch gegen die

---

[157] Vgl. Perthes (2004a), S. 98. So etwa der Ökonom Arif Dalila. Als Teil der Zivilgesellschaftsbewegung wird diese Strömung weiter unten noch behandelt.
[158] Vgl. Perthes (2004a), S. 98.
[159] "(...) people resisted Bashar and his attempted economic and public sector reforms. Although unconfirmed, Damascus is replete with rumors of presidential decisions thwarted by the system – party, security services or elite." Vgl. ICG II, S. 12.
[160] So die Aussagen syrischer Journalisten und Oppositioneller. Vgl. ICG II, S. 12.
[161] Ebd.
[162] Zitiert nach George (2003), S. 166.

politische Öffnung und das Toleranz der Diskussionsforen regte sich Protest, den der Präsident, der die Aktivitäten zunächst zu unterstützen schien, ab Februar 2001 mit trug (siehe III.2.).

Es lässt sich also festhalten, dass die konservative Strömung innerhalb der Elite eine abweichende Meinung bezüglich der Umsetzung von Reformen innehat. Zwar fand seit 2000 ein Wandel in der Elite statt, Vertreter der konservativen Strömung halten jedoch nach wie vor strategisch wichtige Positionen. Bezüglich der neuen Mitglieder der Regimeelite argumentiert Perthes zudem, dass „Those who were co-opted into the elite were not keen to share their newly gained spoils with those who would challenge them in democratic competition.“[163] Auch wenn die Reformer in der Elite für mehr Transparenz und eine politische Liberalisierung stehen, verfolgen auch sie keine Veränderung der Machtstrukturen im Sinne einer Demokratisierung des autoritären Systems. Asad sprach in seiner Antrittsrede zwar von Demokratie, machte aber deutlich, dass Syrien seine eigenen demokratischen Erfahrungen machen müsse und führte zudem die von der Baath-Partei geführte NPF als „demokratische Beispiel“ an.[164] Auch die Ziele der neuen Staatsführung verdeutlichte Baschar al-Asad an dieser Stelle: Als Hauptziel der Regierung definierte er die Reform der Wirtschaft und Verwaltung und verwies zudem auf das favorisierte „chinesische Modell“, soll heißen: eine graduelle Öffnung der Wirtschaft unter der Beibehaltung der autoritären politischen Strukturen.[165] Als wichtigste Aufgaben der Regierung vom Dezember 2001 wurden so auch Wirtschaftsreformen, die Modernisierung der Verwaltung und die Verbesserung der sozialen Dienste genannt; erst an vierter Stelle folgten politische Reformen.[166] Als Begründung für diese Reihenfolge der Reformen verweist Asad in einem Interview auf die Prioritäten der Bürger:

Für den syrischen Bürger, unabhängig davon, ob er ein Staatsangestellter ist oder nicht, ist gegenwärtig das größte Problem die Sicherung der Existenzgrundlage. Das Gehalt reicht bei weitem nicht aus, um alle Bedürfnisse zu befriedigen. Es ist folglich nur normal, dass für ihn das alltägliche Leid im Vordergrund steht.[167]

---

[163] Vgl. Perthes (2004a), S. 109.

[164] „Hence we cannot apply the democracy of others to ourselves. Western democracy, for example, is the outcome of a long history (...).“ Anhang D, S. 120.

[165] Diese Strategie wurde bereits auf dem 9. Baath-Kongress (Juni 2000), der Baschar al-Asad zum Präsidentschafts-Kandidaten ernannte, festgelegt. Vgl. Ghadbian (2001), S. 636.

[166] Vgl. Koszinowski (2002), S. 167.

[167] Interview mit *Aljazeera*. Siehe den arabischen Text des Interviews in *Tishreen* vom 2.5.2004, zitiert nach Abbas (2005), S. 424.

II.2.2 Die Opposition

Die Opposition unter Hafiz al-Asad

Es existiert keine legale Opposition *(muᶜāraḍa)* in Syrien. Die Baath-Partei und die weiteren in der NPF zusammengeschlossenen regimetreuen Parteien sind die einzigen legalen Parteien.[168] Interessengruppen wie Gewerkschaften und Berufsverbände sind in das Regime inkorporiert. Offiziell anerkannte Nicht-Regierungsorganisationen (NGOs: *munaẓẓamāt ġair ḥukūmīya*) befassen sich mit „unpolitischen" Themen (z.B. Umweltverbände).[169] Die Charakteristika der heutigen Opposition in Syrien – insbesondere ihre Heterogenität und schwache Organisation – sind das Ergebnis der gewalttätigen Auseinandersetzungen zwischen dem radikalen Flügel der syrischen Muslimbruderschaft *(ǧamīᶜa iḫwān al-muslimīn)*[170] und dem Regime in den Jahren 1976 bis 1982.[171] Die seit 1952 in Syrien verbotene Muslimbruderschaft stellte die stärkste oppositionelle Kraft bis 1982 dar, dem Jahr, in dem der Konflikt eskalierte und die Bruderschaft während des dreiwöchigen Aufstandes von Hama von der syrischen Armee fast vollständig zerschlagen wurde.[172] Hama kann als „Ende des politischen Islams als organisatorische Opposition in Syrien" gesehen werden und gilt zudem als Fanal für das brutale Vorgehen des Regimes gegen die eigene Bevölkerung – Schätzungen schwanken zwischen 5000 bis 40 000 toten Zivilisten während der Revolte.[173] Seit 1982 kam es zu keinen nennenswerten Ausschreitungen zwischen Regime und oppositionellen Gruppen mehr.

---

[168] Vgl. Lobmeyer (1994), S. 83.

[169] Insgesamt gibt es in Syrien ca. 500 bis 600 oiziell registrierte NGOs, eine relativ geringe Anzahl im Vergleich zu anderen Ländern der Welt. Vgl. ICG II, S. 10.

[170] Zu den syrischen Muslimbrüdern siehe Manna (1985).

[171] Für eine ausführliche Darstellung und Analyse des Konfliktes siehe Lobmeyer (1995a). Lobmeyer kommt zu dem Schluss, dass der Konflikt zwischen Regime und Muslimbruderschaft Ausdruck einer gesellschaftlichen Revolte gegen ein Regime war, das die mittleren und unteren urbanen Schichten sozial marginalisierte und eine parasitäre Staatsklasse protegierte. Seit mit der Machtübernahme durch die Baath im Jahr 1963 die beiden konservativen Parteien (Volkspartei, Nationaler Block) verschwanden, blieb aus den Zeiten des *ancien régime* lediglich die Muslimbruderschaft übrig. Dieser wandte sich die klassische Klientel der Volksparteien, die städtische, sunnitische Bourgeoisie, zu, die ihre ökonomischen Interessen durch das sozialistische Baath-Regime gefährdet sah. Ethnisch-religiöse (Alawis gegen Sunnis) oder religiös-idelogische Gegensätze (Islam gegen säkularen Staat) dienten der Bruderschaft lediglich der Mobilisierung, waren aber nicht Grund des Konfliktes, so Lobmeyer.

[172] Vgl. Middle East Watch (1991), S. 17-21; Lobmeyer (1995a), S. 259-336; Van Dam (1996), S. 105-117. In Hama, neben Aleppo eine Hochburg der Muslimbruderschaft, hatten sich islamistische Kämpfer verschanzt, die im Februar 1982 einen Aufstand gegen das Militär starteten. Die übermächtigen Verteidigungsbrigaden (angeführt durch Rifʿat al-Asad), die die Stadt bereits seit Mitte Januar 1982 hermetisch abgeriegelt hatten, schlugen den Aufstand nach dreiwöchigem Gefecht nieder.

[173] Vgl. Lobmeyer (1995a), S. 338. Bereits am 7.6.1980 verabschiedete das syrische Parlament das Gesetz Nr. 49, nach dem die Zugehörigkeit zur Muslimbruderschaft mit dem Tod bestraft wird. In Hama sollen zudem ca. 5000 Soldaten und alle rund 500 in Hama kämpfenden *muǧāhidūn* ums Leben gekommen sein. Vgl. Lobmeyer (1995a), S. 325f.

Der syrische Flügel der Muslimbruderschaft unter der Führung von Sadr ad-Din al-Bayanuni ist seitdem im Londoner Exil. Auch die säkulare Opposition prägte die Ereignisse in den 70er und 80er-Jahren. Berufsverbände der Ärzte, Apotheker, Ingenieure und insbesondere die Anwaltsvereinigung trat in den Vordergrund, als ihr Damaszener Flügel in zwei Resolutionen im Jahr 1978 das Regime zur Respektierung der Menschenrechte, der Herrschaft des Gesetzes, der Freilassung politischer Gefangener, Meinungsfreiheit und der Aufhebung des Ausnahmezustandes aufforderte. Zwar suchten die Verbände den Dialog mit Regimevertretern, Hafiz al-Asad war jedoch nicht zu mehr als kosmetischen Zugeständnissen bereit, woraufhin die Berufsverbände im März 1980 in einen Generalstreik traten.[174] Diesem schlossen sich Händler und Handwerker an, die ihrerseits gegen staatliche Eingriffe in den Binnenhandel protestierten. Auch die Oppositionsparteien, insbesondere die Kommunistische Partei-Politbüro *(al-ḥizb aš-šuyūᶜī as-sūrī-maktab as-siyāsī)*[175] unter der Führung Riyad al-Turks und die nasseristische Arabisch Sozialistische Union (ASU: *al-ittiḥād al-ᶜarabī al-ištirākī)*[176] schlossen sich den Streiks an, als sie realisierten, dass Asad nicht bereit war weit reichende Zugeständnisse zu machen.[177] Neben der Beteiligung an den Streiks und Unruhen im März 1980 war die Gründung der „Nationaldemokratischen Sammlungsbewegung" (NDS: *at-taǧammuᶜ al-waṭanī ad-dīmuqrāṭī fī sūriyā*)[178] als eine gemeinsame oppositionelle Front Ausdruck dieses Wandels. Am 11. März 1980 veröffentlichte die NDS ein „Kommuniqué an das Volk: Um der Freiheit und der Demokratie und der Veränderung Willen", in dem sie die Errichtung eines vollkommen anderen politischen Systems forderte, das auf demokratischen Grundsätzen basieren sollte. Das Regime, das sich so Ende der 80er Jahre gesellschaftlichen Protesten von mehreren Seiten gegenüber sah, reagierte mit Gegendemonstrationen und vor allem mit dem Mittel der kollektiven Repression. Es folgten Verhaftungen gegen ganze als oppositionell eingestufte Ortschaften oder Stadtteile, Häuser vermeintlicher Regimegegner wurden zerstört und bei Razzien zahlreiche Zivilisten getötet, in Aleppo und Hama fuhren

---

[174] Lobmeyer (1995a), S. 295.

[175] Der oppositionelle Flügel der in der NPF vertretenen Kommunistischen Partei Syriens (KPS).

[176] Nachdem die ASU 1973 der NPF beitrat, spaltete sich die Partei und der von Jamal al-Atasi geführte Flügel ging in die Opposition.

[177] Das Regime versuchte die Oppositionsparteien einzubinden, doch diese lehnten ab, die Rolle „eines funktionslosen pluralistischen Alibis zu spielen". Vgl. Lobmeyer (1995a), S. 281ff.

[178] Die NDS besteht aus fünf Parteien: KP-Politbüro, ASU, Arabische Sozialistische Demokratische Baath-Partei (*ḥizb al-baᶜṯ ad-dīmuqrāṭī al-ištirākī al-ᶜarabī*, eine Abspaltung der Baath-Partei), Revolutionäre Arbeiterpartei *(ḥizb al-ᶜummal aṯ-Ṯaurī)* und die Bewegung Arabischer Sozialisten *(ḥaraka al-ištirākīyīn al-ᶜarab*, eine Abspaltung der in der NPF vertretenen Partei mit gleichem Namen). Jamal al-Atasi war bis zu seinem Tod am 31. März 2000 Vorsitzender der NDS.

Panzer auf. Neben den Islamisten wurden auch die Führungsgremien der Anwalts, Ärzte- und Ingenieursverbände aufgelöst, zahlreiche Mitglieder verhaftet und getötet. Viele der Mitglieder der NDS-Parteien, insbesondere des KP-Polibüros[179], flohen ins Ausland oder wurden verhaftet. Im Jahr 1982 war somit auch die säkularistische Opposition nahezu zerschlagen.[180] Die Politik des Baath-Regimes hatte die organisierte Opposition geschwächt, in weiten Teilen sogar gänzlich zerstört.[181]

Die Opposition nach Hama

Nach Hama sind die wenigen oppositionellen Gruppen in Syrien, die noch über eine nennenswerte Infrastruktur verfügen, ausschließlich dem säkularistischen Lager zuzurechnen. Der Begriff Opposition bezeichnet heute:[182]

- politische Parteien[183],
- politisch orientierte NGOs[184],
- demokratische Intellektuelle *(muṯaqqaf)*, die in den Jahren nach Hama durch vereinzelte Aktionen auf sich aufmerksam machten.[185] Seit der Machtübernahme durch Baschar al-Asad organisieren sich diese lose im Rahmen der Zivilgesellschaftsbewegung.[186]

---

[179] Der Parteivorsitzende Riyad al-Turk saß von 1981 bis 1998 in Einzelhaft, was ihm den Namen „syrischer Mandela" einbrachte.

[180] Ein Grund für den erfolgreichen Gegenschlag des Regimes lag darin, dass die säkularistische und die islamistische Opposition keine einheitliche Front bildeten, sondern in Mitteln (friedlich/gewaltbereit) und Zielen (demokratischer/islamistischer Staat) auseinanderdrifteten. Darüber hinaus kämpfte die Muslimbruderschaft mit internen Konflikten; es mangelte ihr zudem an breiter ideologischer Unterstützung durch die syrische Bevölkerung. Die streikenden Händler wiederum verfolgten in erster Linie ökonomische Interessen.

[181] Vgl. Abbas (2005), S. 410.

[182] Ebd. S. 410ff.

[183] Die Parteien der NDS, die Nasseristischen Volkskomitees *(liǧān šaᶜbīya)*, die Partei der Kommunistischen Aktion *(ḥizb al-ᶜamal aš-šuyūᶜī)* sowie kurdische Parteien. Abbas spricht von knapp 50 illegalen politischen Parteien in Syrien, Interview mit der Verfasserin, 23.5.2005.

[184] Insbesondere die 1989 gegründeten „Committees for the Defence of Democratic Freedoms and Human Rights in Syria" (CDF: *liǧān ad-difāᶜ ᶜan al-ḥurrīyāt ad-dīmuqrāṭīya wa ḥuqūq al-insān fī sūriyā*). 2005 existieren lediglich neun politische, „demokratisch orientierte" NGOs, so Abbas: Vier Menschenrechtsorganisationen, vier Frauenrechtsorganisationen und die „Komitees zur Wiederbelebung der Zivilgesellschaft in Syrien", Interview mit der Verfasserin, 23.5.2005.

[185] So veröffentlichten sie etwa zwei Kommuniqués gegen Syriens Teilnahme an der Anti-Golfkriegs-Koalition in der Zeitschrift der NDS, *al-Mauqif ad-Dīmuqrāṭī* („Der demokratische Standpunkt"). Dies hatte die Verhaftung zahlreicher Intellektueller zur Folge. Vgl. Lobmeyer (1995a), S. 343; Al-Atasi (2001), S. 30; Tayyara (2003), S. 49. Die Tatsache, dass alle Autoren die Kommuniqués als Beispiel für Protestaktionen der Intellektuellen anführen, weist auf die Singularität oppositioneller Aktionen unter Asad hin. Lobmeyer bemerkt jedoch, dass der moralische Wert solcher Taten nicht zu unterschätzen sei, angesichts der *étatisation* der syrischen Gesellschaft. Vgl. Lobmeyer (1994), S. 95.

[186] Es gibt zahlreiche Definitionen von Zivilgesellschaft (Z.). Grundlegendes Merkmal der Z. ist ihre Verortung in einem nicht staatlichen Bereich und ihre Zusammensetzung aus einer Vielzahl konkurrierender, freiwilliger

Zu den außersyrischen Oppositionsparteien zählen der syrische Zweig der Muslimbruderschaft oder die in Washington D.C. ansässige Reform Party of Syria (RPS).[187] Zwar sind die Muslimbrüder ein wichtiger Teil der Opposition, ihr tatsächlicher Einfluss auf die innersyrischen Entwicklungen ist jedoch marginal.[188] Zudem sind offensichtliche Verbindungen der innersyrischen Opposition zu dieser nach wie vor riskant, wie ein Vorfall im Atasi-Forum vom Mai 2005 zeigt: Nachdem dort ein Brief der Muslimbruderschaft vorgelesen wurde, wurde das Forum geschlossen und zahlreiche Teilnehmer verhaftet.

Die Zivilgesellschaftsbewegung

Als gesellschaftlicher Hauptträger der Debatte kann der kollektive Akteur der Zivilgesellschaftsbewegung betrachtet werden, da dessen Forderungen durch die nationalen wie internationalen Medien verbreitet und durch die syrische Staatsführung rezipiert wurden. Die sich seit 2000 formierende Bewegung besteht aus „wenigen dutzend“ Intellektuellen, die ihre Forderungen nach politischen Reformen in Artikeln, Petitionen und offenen Briefen artikulieren. Einige Aktivisten gründeten auf individueller Basis Diskussionsforen, in denen über gesellschaftliche und politische Themen diskutiert wurde. Zu den prominentesten Zirkeln gehörte das „Forum für Nationalen Dialog“ *(muntada li-l-ḥiwār al-waṭanī)* gegründet von Riyad Seif und das „Forum Jamal al-Atasi für Demokratischen Dialog“ *(muntada ğamāl al-atasī li-l-ḥiwār ad-dīmuqrāṭī)*, das die NDS repräsentiert. Neben den Zirkeln wurden vereinzelte NGOs wie die „Human Rights Association in Syria“ (HRAS: *ğamᶜīya ḥuqūq al-insān fī sūriyā*) oder die „Komitees zur Wiederbelebung der Zivilgesellschaft in Syrien“ *(liğān iḥyāʾ al-muğtamaᶜ al-madanī fī sūriyā)* gegründet. Genau wie die oppositionellen Parteien existieren diese in einer legalen Grauzone: Sie sind offiziell nicht erlaubt, werden aber geduldet,

---

Assoziationen, die ihre Interessen gegenüber dem Staat artikulieren und autonom organisieren. Da in der syrischen Zivilgesellschaftsbewegung auch Parlamentarier und Vertreter von Parteien sind, trifft die Definition hier eigentlich nicht zu. Jedoch bietet sich für diese Akteure im syrischen System keine Partizipation am politischen Entscheidungsfindungsprozess. Zur syrischen Z. siehe: Hinnebusch (1995b); Lobmeyer (1995b); al-Atasi (2001); Aras/Lütfullah (2002); George (2003), S. 37-39; Barout (2003); Hanna (2004).

[187] Die 2001 von dem syrisch-amerikanischen Geschäftsmann Farid N. Ghadry gegründete Partei versucht durch Lobbyarbeit im US-Kongress einen Sturz des Asad-Regimes herbeizuführen, siehe http://www.reformsyria.org. Zwar äußerte Ghadry in einem Interview mit der Verfasserin, dass er über gute Kontakte zur innersyrischen Opposition verfüge, auf die Nachfrage nach dem Status der Partei in Syrien, äußerten jedoch alle syrischen Interviewpartner einstimmig, dass die Partei und ihr Gründer wegen der Nähe zur Bush-Regierung keinerlei Ansehen innerhalb der syrischen Zivilgesellschaftsbewegung habe.

[188] Im Jahr 2005 war eines der Themen, über das syrische Intellektuelle diskutierten, ob die Muslimbruderschaft zur Zivilgesellschaftsbewegung zu zählen sei. Da sich die Bruderschaft inzwischen offen zu demokratischen Werten bekennt, plädieren viele Aktivisten dafür. Interviews der Verfasserin mit Michel Kilo, 18.6.2005; Hassan Abbas, 23.5.2005.

solange sie mit ihren Aktionen die „rote Linie" nicht überschreiten[189] – die Definition dieser obliegt der Staatsführung. Der Status der Illegalität führt zu einem eingeschränkten Handlungsspielraum der gesellschaftlichen Aktivisten.[190] Dieser äußert sich etwa in der begrenzten Artikulationsmöglichkeit innerhalb Syriens: Während die Staatsführung ihre Positionen tagtäglich durch die staatlichen Medien verbreiten kann, kann die Zivilgesellschaftsbewegung nur inoffizielle Zeitschriften publizieren, deren Erscheinen zum einen unsicher ist und die zum anderen nur einer kleinen Bevölkerungsschicht zugänglich sind.[191] Die Aktivisten weichen aus diesem Grund auf die libanesische, die überregionale Presse[192] oder das Internet aus.[193] Zwar bot zu Beginn des Damaszener Frühlings die staatliche Zeitung *ath-Thawra* eine Plattform für die Intellektuellen, dies änderte sich jedoch nach der Entlassung des liberalen Chefredakteurs Mahmud Salameh im Mai 2001. Nachdem die Diskussionsforen geschlossen wurden, verlor die Bewegung zudem ihre öffentliche Plattform. Die so bedingte mangelnde gesellschaftliche Breitenwirkung der Zivilgesellschaftsbewegung, die durch die oft abstrakten Diskussionen verstärkt wird, trifft darüber hinaus auf eine weit gehend entpolitisierte Bevölkerung.[194]

Es handelt sich folglich um eine elitäre Bewegung, von welcher das Gros der Aktivisten zudem über 60 Jahre alt ist.[195]

---

[189] Das ist ein Grund, warum die meisten Vorsitzenden dieser Organisationen Juristen sind.

[190] Vgl. Ḥāl al-muǧtamaᶜ al-madanī fī sūriyā (Die Lage der Zivilgesellschaft in Syrien), in: *Tayyārāt*, Nr. 1 (2002), S. 127.

[191] Vgl. Abbas (2004), S. 86. So die Zeitschriften *Tayyārāt* („Strömungen"), das Bulletin *al-Marsad* („Das Observatorium"), die Zeitschrift *Lamargi* (sumerisch „Freiheit"), das Bulletin *aṣ-Ṣaut* („Die Stimme") der CDF und *al-Mauqif ad-Dīmuqrāṭī* (NDS). Ein weiteres Problem, das sich aus dem Status der Illegalität ergibt, ist die mangelhafte Finanzierung.

[192] Insbesondere die libanesische Tageszeitung *an-Nahar* gilt als Forum für die syrische Zivilgesellschaft, des Weiteren die Kulturzeitschriften *al-Adab* („Literatur") und *al-Muḥāwir* („Der Dialog") sowie die Tageszeitungen *al-Quds al-Arabi* und *al-Hayat* (beide in London). Das syrische Regime reagiert zudem in der libanesischen Zeitung *al-Muharrir News* auf die Intellektuellen.

[193] U.a. http://www.almowaten.com, http://www.all4Syria.com, http://www.rezgar.com. Das Fazit einer Analyse von Albrecht Hofheinz ist jedoch, dass „die Wirkung des Internets auf die Stärkung und Mobilisierung einer (arabischen) zivilgesellschaftlichen Öffentlichkeit gegenüber dem Staat bislang deutlich schwächer" ist als die Wirkung auf die „Privatsphäre". Vgl. Hofheinz (2004), S. 461. Für das Jahr 2002 wird die Zahl der Internet-Nutzer in Syrien nur mit 220 000 bei einer Gesamteinwohnerzahl von 17 Mio. angegeben (1,3%), Quelle: International Telecommunication Union (http://www.itu.int/ITU-D/ict/statistics), zitiert nach Hofheinz (2004), S. 452.

[194] Die Allgegenwärtigkeit der Geheimdienste und die Unterdrückung jeglicher oppositioneller Meinungen führte zur politischen Passivität der Massen seit der Herrschaft Hafiz al-Asads. Ein Phänomen, das nach Ansicht einiger Autoren durch Faktoren der politischen Kultur wie Obrigkeitsdenken und Rentiermentalität unterstützt wird. Zudem lässt sich argumentieren, dass die Priorität bei der breiten Masse in der Sicherung der Existenzgrundlage liegt: 30-60% der Bevölkerung leben unter der Armutsgrenze von 1320 Syrischen Pfund (ca. 22 US-Dollar/Monat), zitiert nach Abbas (2005), S. 424.

[195] Private Kommunikation, Damaskus, Mai 2005. Der Rechtsanwalt Muhannad al-Hasani etwa ist mit 38 Jahren einer der jüngsten Aktivisten. Siehe auch Pace, Joe: The state of the Syrian opposition, 14.9.2005, abrufbar unter http://www.syriacomment.com.

Ein weiteres Merkmal der Zivilgesellschaftsbewegung ist ihre Heterogenität, die in der Tatsache begründet liegt, dass sie sich aus Vertretern der verschiedenen oppositionellen Strömungen und Milieus zusammensetzt: Zu den Aktivisten der Zivilgesellschaftsbewegung zählen Mitglieder der NDS-Parteien, der kurdischen Parteien, unabhängige Intellektuelle, aber auch unabhängige Parlamentsmitglieder. Burhan Ghalioun spricht aus diesem Grund von drei Tendenzen innerhalb der Zivilgesellschaftsbewegung: Ein Teil der Aktivisten sei nahe an der Macht und fordere eher Partizipation als eine Veränderung der Regeln und der Politik. Eine zweite Strömung versuche hingegen die Politik des Regimes zu verändern, ohne diese zu provozieren. Eine dritte, radikale Tendenz glaube, dass es nicht möglich sei, „de changer la situation politique, économique et sociale sans effectuer un changement radicale dans la conduite des affaires de l'Etat.“[196]

Die Differenzen bezüglich des Vorgehens wurden unter anderem in der Verabschiedung einer Erklärung deutlich („Manifest der 1000“), die das Regime offen kritisierte und die von vielen Intellektuellen deswegen abgelehnt wurde. Der Großteil der Bewegung kann als „loyale Opposition“ betrachtet werden, die zwar letztlich eine demokratische Transition wünscht, jedoch versucht Reformen in Kooperation mit dem Regime durchzuführen.[197] Im Kern verbindet die verschiedenen Strömungen die Forderung nach einer schnellen Umsetzung politischer Reformen. Die zentrale Erklärung der Bewegung (über die Einigkeit herrschte) ist das so genannte „Manifest der 99“ *(Bayān al-99)*[198], in dem die Aufhebung des Ausnahmezustands, die Freilassung politischer Gefangener, das Rückkehrrecht für Exilanten und die Wiedererrichtung eines Rechtsstaates gefordert wird (siehe III.1.) Zudem verlangen die Intellektuellen eine umfassende Reform anstellen von (wirtschaftlichen, administrativen) Teilreformen. Die Bewegung zeigt sich jedoch selbstkritisch: Abbas merkt an, dass das Manifest der 99 wie die anderen Dokumente „kaum mehr als eine unsystematische Zusammenstellung politischer Forderungen“ waren. Keine der Gruppen habe ein politisches Programm ausgearbeitet, „das auf der Basis einer realistischen Analyse der gegenwärtigen Lage in Syrien eine Strategie unterbreitet hätte, mit der die Ziele erreicht werden sollen.“[199] Auch

---

[196] Vgl. *an-Nahar* vom 11.8.2001, zitiert nach Barout (2003), S. 61.

[197] Interview der Verfasserin mit Salim Kheirbek, Michel Kilo. Auch Sadiq al-Azm merkt an, dass eine Zivilgesellschaft in Kooperation mit den Behörden errichtet werden müsse. Vgl. George (2003), S. 39.

[198] Siehe Anhang A, S. 108. Für eine englische Übersetzung des Manifests siehe George (2003), S. 178-181; Leverett (2005), S. 203-206.

[199] Vgl. Abbas (2005), S. 413. Abbas merkt zudem an, dass die große Mehrheit der Aktivisten aus Parteien stammt, die ideologisch stark geprägt seien und über keinerlei Erfahrung mit Demokratie verfügten: So fordern die NDS und die Muslimbrüder zwar demokratische Reformen, verweigern aber die Revision der undemokratischen Grundlagen ihrer Ideologie.

Muhammad Sayyid Rassas bemerkt, dass es kein klares Programm für die gegenwärtigen und zukünftigen Etappen gebe und die Massen der Bevölkerung nicht berührt würden.[200] Der Intellektuelle Abdelrahman Hajj Ibrahim bezeichnet als hervorstechendes Merkmal der syrischen Intellektuellen, dass sie isoliert von der Gesellschaft und nicht glaubwürdig seien: „In Wahrheit hat die „Bewegung der Intellektuellen" größeren Erfolg in der Presse als auf dem Aktionsfeld."[201] Hassan Abbas bilanziert im Jahr 2005:

Die elitäre Natur ihres Engagements, ihre persönlichen Streitereien untereinander, das Fehlen nationaler Foren, um die Anliegen öffentlichkeitswirksam zu diskutieren, haben zusätzlich zu den alltäglichen Schwierigkeiten, die das Regime den Vereinigungen bereitet, dazu geführt, dass die Intellektuellen keine prägende gesellschaftliche Rolle spielen.[202]

Schlussfolgerung

Bezüglich der Hauptakteure der Reformdebatte lässt sich festhalten, dass weder die Staatsmacht noch die Opposition eine homogene Einheit bilden. Die konservative Strömung innerhalb der Regimeelite zeigt Widerstand gegenüber dem Reformprogramm von Baschar al-Asad und seinen Unterstützern. Trotz der Erneuerung und Verjüngung der Elite haben Vertreter der konservativen Strömung strategische Positionen inne und können Entscheidungen des Präsidenten blockieren. Neben einer zu umfangreichen wirtschaftlichen Öffnung, die ihren persönlichen Interessen schaden könnte, lehnen sie eine politische Liberalisierung ab, die an ihrem Machtmonopol rütteln könnte. Auch Baschar al-Asad und die reformerischen Kräfte sind keine Demokraten, politische Reformen haben keine Priorität auf der Reform-Agenda der Modernisierer. Um die Stabilität des Regimes nicht zu gefährden, verfolgt die Elite insgesamt einen graduellen Wandel.

Während die Priorität der Regimeelite auf wirtschaftlichen und administrativen Reformen liegt, fordert die Zivilgesellschaftsbewegung eine umfassende Reform, die von politischen Reformen angeführt werden müsse. Es herrscht jedoch Uneinigkeit bezüglich der gegenüber der Staatsmacht zu verfolgenden Strategie und es mangelt an einem ausgearbeiteten Programm. Aufgrund des ungebrochenen staatlichen Machtmonopols ist die Wirkung der Zivilgesellschaftsbewegung zudem eingeschränkt: Versuche von Vertretern der Bewegung etwa eine Partei zu gründen, wurden vom Regime abgewehrt. Die Aktivisten verfügen im Gegensatz zur medial omnipräsenten Staatsmacht darüber hinaus über keine offiziellen

[200] Ebd. S. 61.
[201] Barout (2003), S. 58.
[202] Abbas (2005), S. 412; Ähnliche Kritik äußert auch Muhammad Ali al-Atasi, siehe: al-Atasi (2001), S. 32.

Publikationen oder öffentlichen Foren. Die Reichweite der Zivilgesellschaftsbewegung bleibt begrenzt auf urbane, intellektuelle Schichten – ein sichtbares Zeichen hierfür: die Masse der Bevölkerung stellt keinen Akteur innerhalb der Debatte dar.[203] Ein Großteil der Aktivisten der Zivilgesellschaftsbewegung wie auch Mitglieder der Regimeelite haben die innenpolitische Krise in den Jahren 1976 bis 1982 miterlebt. Es lässt sich argumentieren, dass diese Erfahrung das Verhalten der Akteure beeinflusst: Auf der Regimeseite herrscht Besorgnis über ein Wiedererwachen der gesellschaftlichen Kräfte, insbesondere der Muslimbruderschaft – die stärkste oppositionelle Kraft in Syrien bis zum Jahr 1982. Hinsichtlich der Zivilgesellschaftsbewegung verdeutlicht die weit verbreitete Selbstwahrnehmung als loyale Opposition das Bewusstsein der eigenen Schwäche und der Übermacht des autoritären Regimes, die diese in Hama unter Beweis stellte. Tayyara verweist diesbezüglich auf die, bei beiden Akteuren vorherrschende Angst: „Die Gesellschaft fürchtet die Repression der Staatsmacht und diese fürchtet das Wiedererwachen der Gesellschaft."[204]

II.3 Externe Faktoren

Die ersten drei Jahre der Amtszeit Baschar al-Asads waren durch regionale und internationale Ereignisse geprägt, deren Einfluss sich auch auf die innersyrischen Akteure der Reformdebatte auswirkte. Die wichtigsten Ereignisse lassen sich grob vier Akteursgruppen zuordnen:

- Israel/Palästina: gescheiterte bilaterale Gespräche (März 2000), Ausbruch der zweiten Intifada (September 2000), Wahl Ariel Sharons zum Ministerpräsidenten (Februar 2001),
- Libanon: verstärkte Forderungen nach einem Abzug syrischer Truppen seit 2000,
- EU: Verhandlungen über ein Assoziationsabkommen im Rahmen der Euro-Mediterranen Partnerschaft (EMP),
- USA: GMEI, Invasion des Irak (März 2003), Verabschiedung des Syria Accountability and Lebanese Sovereignty Restoration Act (SALSA) (Dezember 2003).

---

[203] Vgl. Strindberg (2004), S. 65.
[204] Vgl. Tayyara (2003), S. 51.

II.3.1 Gescheiterte Gespräche mit Israel und zweite Intifada

Kurz bevor Baschar al-Asad offiziell das Präsidentenamt antrat, scheiterten die bilateralen Gespräche zwischen Israel und Syrien, die Ende 1999 unter der Ägide der Clinton-Regierung wieder aufgenommen worden waren.[205] Baschar al-Asad betonte zwar seine Bereitschaft zur Fortführung der Gespräche, die Aussichten auf eine Annäherung wurden mit der Wahl Ariel Scharons zum israelischen Ministerpräsidenten Anfang des Jahres 2001 und der damit verbundenen Verschärfung des Konflikts zwischen Israel und den Palästinensern jedoch verschlechtert. Asad kommentierte die israelische Politik bei zahlreichen Gelegenheiten mit scharfer, polemischer Kritik[206], die ihm zwar die Sympathie von Parteikadern und Teilen der syrischen Bevölkerung einbrachte, die Chancen auf ein Friedensabkommen und die damit einhergehenden positiven Auswirkungen auf die syrische Wirtschaft und Gesellschaft – die neue syrische Führung selbst stellte zum ersten Mal eine Verbindung zwischen einem Frieden und der Modernisierung des Landes her[207] – jedoch in weite Ferne rückte: So würde ein Abkommen zum einen den Tourismus in der Region ankurbeln und somit das Investitionsvolumen vergrößern.[208] Zum anderen könnte Syrien, falls es im Zuge eines Abkommens seine Unterstützung für Gruppen wie Hizbullah und Hamas einstellte, auf Finanzhilfe und Expertise aus den USA hoffen.[209] Dem Regime würde mit einem Friedensabkommen der maßgebliche Legitimationsgrund für die Aufrechterhaltung des Ausnahmezustands und der Notstandgesetze abhanden kommen, was die Position der Zivilgesellschaftsbewegung stärken könnte. So jedoch konnten insbesondere die konservativen Elemente innerhalb der syrischen Regimeelite ihr repressives Vorgehen gegen die Zivilgesellschaftsbewegung mit der aggressiven israelischen Politik legitimieren, die die Sicherheit und Stabilität Syriens gefährde – die Rücknahme

---

[205] Themen waren die Rückgabe des Golan, Wasserrechte, Sicherheitsfragen und die Normalisierung der Beziehungen. Anfang Februar 2000 brach Israel die Verhandlungen wegen Anschlägen der Hizbullah im Südlibanon ab, für die es Syrien verantwortlich machte. Streitpunkt war auch die Forderung Syriens, einen israelischen Rückzug vom Golan schriftlich zu fixieren. Zu den syrisch-israelischen Verhandlungen siehe Stäheli (2001), S. 465-499; Zisser (2001), S. 99-128.

[206] So äußerte Baschar al-Asad bei einer Rede anlässlich des Besuches von Papst Johannes Paul II. in Syrien im Mai 2001, dass die Juden Jesus Christus verraten und versucht hätten, den Propheten Muhammad zu töten. An andere Stelle erklärte er, dass Israel eine rassistische Gesellschaft sei, sogar noch rassistischer als die Nazis. Diese scharfen Äußerungen können neben der Schaffung von Legitimitation auch als nicht-militärische Reaktion auf israelische Angriffe interpretiert werden (im April 2001 zerstörten israelische Kampfflugzeuge eine syrische Radarstation im Libanon). Vgl. Friedmann Thomas L.: Ugly words make Bashar Assad look insecure and dangerous, *New York Times* vom 12.-13.5.2001.

[207] „Nous devons travailler à la paix pour faire avancer le processus de modernisation", Baschar al-Asad in einem Interview mit *Le Figaro* vom 23.6.2001, zitiert nach Perthes (2004c), S. 136.

[208] Vgl. Bank/Becker (2004), S. 9.

[209] Vermutlich würde Syrien dann aber die Rentenzahlungen aus den Golfstaaten, die es aufgrund seiner Frontstellung zu Israel erhält, verlieren. Ein Abkommen könnte sich zudem negativ auf die engen Beziehungen zum Iran auswirken.

der Liberalisierungsmaßnahmen fällt mit der Wahl Ariel Sharons als Ministerpräsident zusammen. Als weitere Folge der gescheiterten Friedengespräche und der offensiven israelischen Politik kann die syrische Annäherung an den Irak seit 2000 betrachtet werden, die dem Regime durch die Inbetriebnahme der Pipeline Kirkuk-Banias zusätzliche Öl-Einnahmen sicherte.[210] Die zweite Intifada, die in den palästinensischen Gebieten im September 2000 ausbrach, hatte jedoch auch einen positiven Effekt auf die Zivilgesellschaftsbewegung: So kam es seit der israelischen Militäraktion in der Westbank im April 2002 („Operation Schutzschild“)[211] zu einem Aufschwung der Aktivitäten und es entstanden zahlreiche Solidaritätsgruppen und Komitees. Zwar stand bei den Protestaktionen die Solidarität mit den Palästinensern im Vordergrund, was es dem Regime nicht ermöglichte einzugreifen, die Zivilgesellschaftsbewegung nutzte jedoch die Gelegenheit, um eigene Forderungen ins Spiel zu bringen.[212] So gab die HRAS etwa ein Flugblatt über die Lage der Intellektuellen in Syrien heraus.[213]

II.3.2 Erzwungener Abzug aus dem Libanon

Seit dem Tod Hafiz al-Asads mehrten sich die Stimmen, die einen Abzug der seit 1976 im Libanon präsenten syrischen Truppen forderten[214], so die maronitischen Bischöfe in einem Aufruf Ende September 2000, denen sich der Drusenführer Walid Jumblatt anschloss. Verstärkt wurde der Druck auf Syrien durch die Verabschiedung des SALSA durch den US-Kongress, der im Dezember 2003 von Präsident Bush unterzeichnet wurde. Das Gesetz sieht Sanktionen gegen Syrien vor, wenn es den Forderungen nach einem Truppenabzug aus dem Libanon nicht nachkommt und seine Unterstützung für terroristische Gruppen sowie Waffenlieferungen für den Irak und den Erwerb von Massenvernichtungswaffen nicht aufgibt.[215] Die Forderungen führten ab 2000 zu einem teilweisen Abzug syrischer Truppen, zunächst aus Beirut und Umgebung. Einen Höhepunkt fanden die Abzugsforderungen schließlich in der

---

[210] Im Jahr 2001 unterzeichnete Innenminister Mustafa Miru bei einem Besuch in Bagdad zudem sieben Kooperationsabkommen, u.a. über Lieferungen im Rahmen des Programms „Oil for food“. Vgl. Koszinowksi (2002), S. 168.

[211] Der Vorstoß der israelischen Armee in zahlreiche Städte des Westjordanlandes diente nach offiziellen israelischen Angaben der „Zerstörung der Infrastruktur des Terrorismus“ in den palästinensischen Gebieten.

[212] Zum besonderen Verhältnis Syriens zur palästinensischen Führung und der Haltung während der zweiten Intifada siehe Hemmer (2003), S. 121-135.

[213] Auch die Komitees zur Wiederbelebung der Zivilgesellschaft in Syrien spielten eine wichtige Rolle bei den Aktivitäten. Vgl. Nadim (2002), S. 44.

[214] Zum Abzug siehe ICG Lebanon. Zur syrischen Präsenz im Libanon siehe Reuven (1991); Zisser (2001), S. 133-152; Stäheli (2001), S. 262-292.

[215] Vgl. Salhani (2004), S. 1-12.

Verabschiedung der UN-Sicherheitsratsresolution 1559 am 2. September 2004. Die Resolution wurde auf Antrag von Frankreich, Großbritannien und den USA eingereicht, nachdem durch syrischen Einfluss die Amtszeit des pro-syrischen libanesischen Präsidenten Emile Lahoud per Verfassungsänderung um drei Jahre verlängert wurde.[216] Syrien warf dem Sicherheitsrat in Bezug auf die israelische Politik gegen die Palästinenser vor, mit zweierlei Maß zu messen, zog aber noch im selben Monat 3000 Soldaten ab.[217] Michel Kilo schreibt der syrischen Zivilgesellschaftsbewegung hierbei eine wichtige Rolle zu. Ein Memorandum an Baschar al-Asad, in dem ca. 200 syrische Intellektuelle den Abzug aus dem Libanon fordern, wurde über Syrien hinaus wahrgenommen.

> Selbst George W. Bush spielte auf das Memorandum an. Es schien plötzlich, dass es eine andere Stimme in Syrien gibt als die des Regimes. (...) Es schien, als ob wir die Repräsentanten der Zukunft des Landes sind, nicht mehr das Regime.[218]

Zwar darf man die tatsächliche Wirkung des Memorandums nicht überschätzen, die durch die Abzugsgesten offenbarte Schwäche des syrischen Regimes und die breite Rezeption der Forderungen der Zivilgesellschaftsbewegung stärkten jedoch das Selbstbewusstsein der Bewegung. Der SALSA und die Verabschiedung der Resolution 1559 untermauerten in Syrien aber die Ablehnung westlicher Reforminitiativen.[219] Das wiederum ermöglicht es dem Regime, die Forderungen der Zivilgesellschaftsbewegung nach politischen Reformen mit den Forderungen der USA gleichzustellen und so zu diskreditieren. Angesichts des unter syrischen Intellektuellen weit verbreiteten Misstrauens gegenüber den USA, erhoffen sich und erwarten viele mehr Engagement von der Europäischen Union.

II.3.3 Assoziationsabkommen mit der EU

Diese Erwartungen resultieren zum Teil aus der Regionalpolitik der EU im Rahmen der EMP, die 1995 initiiert wurde.[220] Ziel der EMP ist es, Bedingungen zu schaffen, die im euromediterranen Raum Frieden, Stabilität und Wohlstand fördern. Neben der wirtschafts- und

---

[216] Trotz schwindender Beliebtheit Lahouds, der als syrischer Erfüllungsgehilfe gilt, wurde die Verfassungsänderung am 6.9.2004 mit 96 gegen 29 Stimmen im libanesischen Parlament durchgesetzt.

[217] Vgl. Beck (2005), S. 170. Nach dem sich der internationale Druck nach dem Attentat auf Rafiq Hariri am 14.2.2005 nochmals erhöhte, zog Syrien Ende April 2005 offiziell die letzten syrischen Soldaten aus dem Libanon ab. Syriens Einfluss auf die libanesische Politik ist allerdings, alleine durch die starke Präsenz der syrischen Sicherheitsdienste im Libanon und die engen (schatten-) wirtschaftlichen Beziehungen, nach wie vor hoch.

[218] Interview der Verfasserin mit Michel Kilo, 18.6.2005.

[219] Vgl. Abbas (2005), S. 437.

[220] Partnerstaaten sind die 25 EU-Mitgliedsstaaten und 12 Mittelmeerdrittländer. Bis zum Jahr 2005 hat die EU mit sieben Staaten (Ägypten, Israel, Jordanien, Libanon, Marokko, Tunesien, Algerien) ein Assoziierungsabkommen abgeschlossen. Vgl. http://www. europa.eu.int/scadplus/leg/de/lvb/r14104.htm, Stand 24.3.2006.

sicherheitspolitischen Zusammenarbeit, die in der Errichtung einer Freihandelszone bis zum Jahr 2010 resultieren soll, sollen politische Reformen (Demokratisierung, Achtung der Menschenrechte) dieses Anliegen unterstützen.[221]

Seit 1998 führt die EU im Rahmen der EMP Verhandlungen über ein Assoziationsabkommen mit Syrien. Ein Abkommen verschafft syrischen Produkten den Zugang auf den europäischen Markt, zwingt es aber auch Zölle auf europäische Importe zu senken bzw. ganz abzuschaffen. Die EU unterstützt Syrien dabei technisch und finanziell in der Durchführung der Strukturanpassungen, insbesondere in Bezug auf eine institutionelle Reform und Ausbildung und Exporte aus dem Privatsektor.[222] Ende 2003 äußerte der EU-Botschafter in Syrien, Frank Hesse, dass die Verhandlungen mit Syrien nach intensiven Gesprächen im Jahr 2002 und 2003 kurz vor dem Abschluss stünden, am 19.10.2003 unterzeichneten Syrien und die EU das Abkommen. Der Durchbruch in den bis dato zäh verlaufenen Verhandlungen wurde unter anderem durch die verschlechterten Beziehungen zwischen Syrien und den USA möglich: Um dem Druck durch die Neokonservativen zu entgehen, wandte sich Syrien verstärkt an den europäischen Partner und konnte sich dem Anliegen der EU so nicht länger widersetzen, Menschenrechtsfragen in das Abkommen aufzunehmen.[223] Trotz der Fortschritte Ende 2003 kam es aufgrund von Einwänden von Seiten der USA und einiger EU-Mitgliedstaaten bisher jedoch zu keiner Ratifizierung des Abkommens durch die EU-Länder.[224]

Auch innerhalb der syrischen Regimeelite befürworteten nicht alle Elemente die Unterzeichnung des Abkommens. Das offizielle Argument lautet zwar, dass Syrien nicht von den Handelserleichterungen profitieren würde und es außerdem inter-arabischen Bemühungen um eine Wirtschaftsunion entgegenstehen würde.[225] Es ist jedoch offensichtlich, dass ein Abkommen „einen wichtigen Teil der sozialen Basis des Regimes bedrohen würde."[226] Staatli-

---

[221] Siehe Jacobs/Mattes (2005), S. 7.

[222] Vgl. Perthes (2004a), S. 101. Nachdem Syrien die Frage um ausstehende Auslandsschulden mit Italien (1990), Frankreich (1996) und Deutschland (2000) geregelt hat, erhält es wieder Kredite aus den European Investment Bank (EIB) Funds. Im Dezember 2000 bewilligte die EIB so einen Kredit über 75 Mio. Euro. Vgl. Koszinowski (2001), S. 160. Im Jahr 2002 sagte die EIB einem Kredit von 100 Mio. Euro zu, die EU gewährte im selben Jahr eine Finanzhilfe von 30 Mio. Euro für das syrische Gesundheitswesen. Vgl. Fürtig (2004), S. 171.

[223] Vgl. Beck (2004), S. 173.

[224] So insistierten die USA, Großbritannien und Deutschland auf eine härtere Formulierung in Bezug auf den Umgang mit Massenvernichtungswaffen. Frankreich wollte eine Ratifizierung vom Abzug syrischer Truppen aus dem Libanon abhängig machen.

[225] Als Zeichen des Widerstands kann die Nichtteilnahme Syriens an der 4. Außenministerkonferenz der Mittelmeeranrainer in Marseille (16./17.11.2000) gesehen werden, die laut Perthes in der Regionalen Führung heftig diskutiert wurde. Baschar al-Asad befürwortete die Teilnahme, gab jedoch der Mehrheitsmeinung klein bei, die sich dafür aussprach, nicht an Veranstaltungen teilzunehmen, bei denen der israelische Außenminister anwesend sei. Vgl. Perthes (2004a), S. 89. Siehe auch Abdel Nour (2001).

[226] Bank/Becker (2004), S. 9.

che und regimenahe Unternehmen sowie große Agrarproduzenten profitieren von einem privilegierten Zugang zu staatlichen Ressourcen. Durch eine Senkung der Handels- und Zollsperren und somit dem direkten Wettbewerb mit europäischen Unternehmen besteht die Gefahr einer Destabilisierung des (vernachlässigten und unproduktiven) syrischen Industrie- und Agrarsektors.[227] Für die Reformer innerhalb der Regimeelite hingegen stellt ein Assoziationsabkommen den besten Weg, dar um mit Hilfe der EU Syrien an eine globalisierte Wirtschaft heranzuführen und internationalen Standards anzupassen. Baschar al-Asad forcierte deshalb die Verhandlungen und reformorientierte Vertreter des Regimes, wie Wirtschafts- und Außenhandelsminister Ghassan al-Rifa^{c}i und Industrieminister Issam al-Za^{c}im, betonten öffentlich die positiven Auswirkungen eines Abkommens für Syrien, wie etwa die finanzielle Unterstützung für die Reform und Modernisierung des Industriesektors und ein steigendes Interesse an Investitionen.[228] Die Annäherung an die EU betonte Asads Reformwillen nach außen – ein wichtiges Mittel, um die aggressive Rhetorik der Neo-Konservativen abzuwehren. Nach innen würde ein Abkommen die Position Baschar al-Asads gegenüber den konservativen Kräften in der Regimeelite stärken und könnte Syrien darüber hinaus Rückhalt in Verhandlungen mit Israel bieten.[229] Auch zahlreiche Aktivisten der Zivilgesellschaftsbewegung äußerten, dass sie von einer Unterzeichnung profitieren würden:

> Selbst wenn Syrien zu Beginn keine politischen Reformen umsetzt, so ist es mit der Unterzeichnung des Assoziationsabkommens doch in ein Netz eingewoben und man kann etwas von ihm verlangen,

so Salim Kheirbek, ehemaliger Vorsitzender des Atasi-Forums.[230] Angesichts des virulenten Antiamerikanismus und des Misstrauens gegenüber den USA, stellt die EU momentan den einzigen möglichen westlichen Verbündeten der Zivilgesellschaftsbewegung dar, will sie sich nicht – von Seiten der Regierung und der Bevölkerung – den Vorwurf des Verrats einhandeln. Fakt ist jedoch, dass das Assoziationsabkommen nur geringes Druckpotential bietet, um das syrische Regime zur Umsetzung von politischen Reformen zu bewegen. Zwar verpflichten sich die Staaten in der Barcelona-Erklärung allgemein dazu, „in ihrem politischen System Rechtsstaatlichkeit und Demokratie zu entwickeln". Die Länder einigten sich jedoch auf das Prinzip der Nichteinmischung. Den Staaten wird zuerkannt ihr „politisches, soziokulturelles,

---

[227] Vgl. ICG II, S. 20.
[228] Vgl. Perthes (2004a), S. 102.
[229] Es waren in erster Linie diese politischen Erwägungen, die Syrien 1995 an der EMP teilnehmen ließen, was mit einer der Gründe dafür war, dass die Verhandlungen unter Hafiz al-Asad lange stagnierten. Siehe hierzu auch Abdel Nour (2001).
[230] Interview der Verfasserin, 2.7.2005.

wirtschaftliches und rechtliches System frei zu wählen und weiterzuentwickeln".[231] Politischer Wandel wird von der EU als wünschenswert erachtet, Instabilität durch Kooperationsentzug soll jedoch vermieden werden, weshalb keine Konditionalitätsklausel bezüglich der Umsetzung politischer Reformen in das Abkommen aufgenommen wurde. Kern des Barcelona-Vertrags ist nicht die Demokratisierung der Region, sondern die Schaffung einer Freihandelszone und somit eine Wirtschaftsreform „zur Einführung adäquater marktwirtschaftlicher Rahmenbedingungen in den Partnerstaaten."[232]

II.3.4 Die regionale US-Politik

Zweifelsohne hat die Nahost-Politik der USA, die seit den Anschlägen am 11.9.2001 dem Kampf gegen den Terrorismus verpflichtet ist, großen Einfluss auf die innersyrische Debatte ausgeübt. Das syrische Regime, das die New Yorker Anschläge verurteilte und seine neutrale Position im Kampf gegen den Terrorismus betonte, stellte sich von Beginn an gegen eine militärische Offensive der USA im Irak. Vor und während des Krieges geriet Syrien unter verstärkten Druck der USA, das dem Regime vorwarf, den Irak mit Waffen zu unterstützen und Kämpfer über die Grenze zu lassen.[233] Nach dem schnellen Fall Bagdads schien auch ein Regimewechsel in Syrien möglich. Im Inneren führte der Druck zunächst zu einer Wiederbelebung der Reformdebatte.[234] Syrische Intellektuelle verabschiedeten im April und Juni 2003 zwei Petitionen, in denen sie die amerikanischen Drohungen gegen Syrien verurteilen, gleichzeitig aber feststellen, dass Sicherheitsdienste und ein Einparteienstaat nicht fähig seien, das Vaterland zu verteidigen und deshalb politische Reformen forderten.[235] Die Zivilgesellschaftsbewegung nutzte die Schwäche des Baath-Regimes und das Beispiel des Iraks um ihre Forderungen nach einer „Regierung der nationalen Einheit" als Basis für eine „moderne, demokratische Republik" durchzusetzen.[236] Während sich vor und während des Krieges Oppositionelle mit ihrer Kritik am Präsidenten zurückhielten, wurden nach dem Fall Bagdads

[231] Vgl. http://www.europa.eu.int/scadplus/leg/de/lvb/r15001.htm, Stand 24.3.2006.
[232] Vgl. Jacobs/Mattes, S. 14-17. Die politische Reformagenda im Rahmen der EMP wird hier als "Anhängsel" bezeichnet, da die übergeordneten sicherheitspolitischen Interessen und die Vertiefung einer Kooperation nicht gefährdet werden sollten.
[233] Zu den Auswirkungen des Irak-Kriegs auf das syrisch-amerikanische Verhältnis und die innenpolitischen Folgen siehe: Zisser (2003b), S. 44-56; Hinnebusch (2004); ICG II; Leverett (2005), S. 134-146.
[234] Vgl. Perthes (2004c), S. 135. Eine Wiederbelebung konstatiert auch Michel Kilo im Interview mit der Verfasserin, 1.7.2005.
[235] Veröffentlicht in *al-Hayat* vom 23.4.2005 und *al-Safir* vom 3.6.2003, zitiert nach Perthes (2004c), S. 125f.
[236] Vgl. Kienle (2003), S. 12. Kienle merkt zudem an, dass die Nachkriegswirren im Irak dem Asad-Regime die Gefahren vor Augen geführt habe, die mit der teilweisen Abgabe von Macht verbunden sein könnten. Natürlich diente das Chaos auch dazu, die repressive Politik nach innen zu legitimieren.

auch Stimmen aus den inneren Regimezirkeln laut: Reform-orientierte Technokraten hofften auf eine schnellere Umsetzung der ökonomischen und administrativen Reformen, jüngere Baath-Funktionäre auf mittlerer Ebene sprachen sich für einen teilweisen Austausch der Parteiführung aus.[237] Forderungen, auf die die Staatsführung mit kleinen Zugeständnissen im Sinne einer *calculated decompression* reagierte.[238] Insgesamt und vor allem angesichts des Chaos im Irak setzte das Regime jedoch auf Repression.

Der Druck trägt dazu bei, den Status Quo einzufrieren und so den Reformprozess zu lähmen. Er macht es dem Regime unmöglich, sich auf irgendwelche Abenteuer einzulassen,

so der syrische Wissenschaftler Sami al-Taqi.[239] Ein syrischer Liberaler äußerte „Bush and Sharon presented a gift to the hardliners."[240] Durch die außenpolitische Situation konnten konservative Kräfte in der Regimeelite ihre repressive Politik rechtfertigen. Zudem einte Regime und Opposition die ablehnende Haltung gegenüber der US-Politik. Die Staatsführung nutzte die Loyalität der Zivilgesellschaftsbewegung, um nach außen eine gemeinsame Ablehnungsfront darzustellen. So äußerte Baschar al-Asad in einem Interview:

Ich weise Sie auf die Position der syrischen Opposition im Inland uns im Ausland hin. Sie unterstützen weder das Regime noch die Verfassung (...) in Syrien. Dennoch sind sie alle gegen den Export der US-amerikanischen Demokratie in den Irak.[241]

Die anti-amerikanische Rhetorik der Staatsführung, die die Gefühle vieler Araber reflektierte[242], brachte Baschar al-Asad die Sympathien der syrischen bzw. „arabischen Straße" ein. Die allgemeine negative Einstellung gegenüber den USA, ermöglichte dem Regime, die Reformforderungen der Bewegung mit denen der USA gleichzusetzen und so zu diskreditieren.[243] Spätestens seit dem Irak-Krieg, stellt Albrecht Hofheinz fest, sei die Verurteilung der US-Politik genauso wichtig für den Ausweis von Glaubwürdigkeit in der arabischen Öffentlichkeit wie die Verurteilung Israels.[244] Verstärkt wurde diese Stimmung durch George W. Bushs Ankündigung einer neuen Strategie für den Nahen Osten: der GMEI. Ziel der Initiative ist die Förderung von Demokratie und wirtschaftlicher Entwicklung sowie die Stärkung der

---

[237] Vgl. Perthes (2004c), S. 126.
[238] So gab es bei den Lokalwahlen im Juni 2003 keine Listen der NPF mehr, im Juli wurde verkündet, dass sich die Baath-Partei aus tagespolitischen Entscheidungen zurückziehe. Vgl. Kienle (2003), S. 12.
[239] Zitiert nach Wieland (2004), S. 146.
[240] Zitiert nach George (2003), S. 169.
[241] Interview in der *New York Times* vom 2.12.2003.
[242] Laut einer Umfrage auf *aljazeera.net* am 8.11.2003 stellt für 44,7 Prozent der Befragten die USA die größte Gefahr für die Araber dar (Israel für 34,4 Prozent), zitiert nach Hofheinz (2004), S. 466.
[243] So die Aussagen von Haitham al-Maleh und Riyad al-Turk. Vgl. Hinnebusch (2004), S. 23.
[244] Vgl. Hofheinz (2004), S. 467.

Frauenrechte.[245] Rechtfertigung lieferten der Bush-Regierung die von UN und Arabischer Liga in Auftrag gegebenen *Arab Human Development Reports* (AHDR).[246] Der erste dieser insgesamt drei Berichte nennt den Mangel an Freiheit als das Haupthindernis für die Entwicklung in der Region.[247] Das Bekanntwerden der GMEI initiierte eine breite Reformdebatte in den arabischen Staaten. Um den externen Reformdruck abzuwehren, verabschiedeten die arabischen Staatsführungen einige Erklärungen, in denen sie autochtone Reformvorschläge präsentierten. Diese waren jedoch allgemein formuliert und ohne konkrete Vorschläge zur Umsetzung.[248] Generell reagierten die arabischen Regime, auch das syrische, ablehnend auf die ausländische Initiative, was in öffentlichen Stellungnahmen und der staatlichen syrischen Presse zum Ausdruck kam. Zudem organisierte es mehrere Veranstaltungen, die sich mit der GMEI auseinander setzten und die die breite Ablehnungsfront verdeutlichen sollten.[249] Auch verschiedene Intellektuelle haben sich zu der Initiative geäußert, unter anderem der syrische Wissenschaftler und Autor Burhan Ghalioun, dessen Meinung, laut Abbas, von der großen Mehrheit der syrischen Intellektuellen geteilt werde. Laut Ghalioun perpetuiere die GMEI den Interventionismus, mit dem die Amerikaner das Ziel verfolgten, ein ihren Interessen dienendes System „in neuen Kleidern“ zu bewahren. Er vertritt jedoch auch die Auffassung, dass die Araber nicht eine demokratische Transition ablehnen sollten, unter dem Vorwand, diese sei vom Westen gewollt. Die USA und ihre Verbündeten müssten die „Demokratisierungsinitiative mit der Suche nach einer gerechten Lösung der palästinensischen und irakischen Frage verknüpfen.“[250]

Es lässt sich festhalten, dass der Irak-Krieg, die GMEI, der SALSA (und im Jahr 2004 auch die Verabschiedung der UN-Sicherheitsrats-Resolution 1559), die Ablehnung westlicher

---

245 Die GMEI wurde auf dem G8-Gipfel in Sea Island im Juni 2004 modifiziert und als Broader Middle East and North Africa Initiative (BMENAI) verabschiedet. Sie wird aber, laut Abbas, in der arabischen Welt immer noch als GMEI bezeichnet. Siehe hierzu: Gambill, Gary: Jumpstarting Arab Reform: The Bush Administration´s Greater Middle East Initiative, in: *Middle East Intelligence Bulletin,* Vol. 6, No. 6-7 (June/July 2004).

246 Die Berichte wurden von arabischen Wissenschaftlern des United Nations Development Programme (UNDP)-Regionalbüros in Beirut angefertigt. Für die Titel siehe das Literaturverzeichnis.

247 Vgl. AHDR 2002.

248 U.a. die „Erklärung von Sanaa“ (Januar 2004), die „Erklärung von Alexandria (März 2004) oder die „Erklärung von Tunis“ (Mai 2004). Vgl. Faath (2005), S. 67-92.

249 Im Frühjahr 2004 fanden in Damaskus drei Veranstaltungen zur GMEI statt: Der Kongress der Union der arabischen Parlamentarier (1.-2.3.2004), „Offener Dialog zur GMEI“ ein von der Baath-Partei organisierter Studientag (4.4.2004) und ein Seminar des Zentrums für strategische Studien in Damaskus mit dem Titel „Die Araber im Angesicht der amerikanischen GMEI“ (12.4.2004), zitiert nach Abbas (2005), S. 429-433. Während sich die syrischen Teilnehmer dieser Veranstaltungen (Parlamentarier, Baath-Mitglieder, Wissenschaftler) in ihrer Ablehnung westlicher Reforminitiativen einig waren, wiesen andere arabische Teilnehmer westliche Reformideen per se nicht zurück.

250 Vgl. Ghalioun, Burhan: Die amerikanische Demokratie und die Wiederherstellung kolonialistischer Herrschaftsbeziehungen: Das Fallbeispiel Nahost, in *al-Ittihad* vom 14.4.2004, zitiert nach Abbas (2005), S. 434.

Reforminitiativen in Syrien verstärkt haben und es den Hardlinern im Regime ermöglichten, ihre repressive Politik zu legitimieren. Die syrischen Intellektuellen sind sich dennoch uneins, ob der Druck aus dem Westen nutzt oder schadet. Viele Intellektuelle äußern, dass ohne Druck von außen keine Veränderung des Systems möglich sei.[251] Auch wenn einige zugeben, dass so die US-Politik der Zivilgesellschaftsbewegung in indirekter Weise geholfen habe, lehnt ein Großteil eine Einmischung durch die USA aufgrund der Unglaubwürdigkeit ihrer Politik strikt ab. Stimmen, die sich offen für ein westliches Engagement aussprechen, sind marginalisiert und dem Vorwurf ausgesetzt, Handlanger „des Westens“ zu sein.[252] Festzustellen bleibt weiter, dass keine der westlichen Demokratisierungsinitiativen Syrien konkret nennt und sich die USA bisher nicht erkennbar für die Zivilgesellschaftsbewegung in Syrien interessiert haben.[253] Die Forderungen der USA an Syrien beinhalteten bisher nicht die Umsetzung von Reformen, sondern die Abkehr von der Unterstützung terroristischer Gruppen, wie Hizbullah und Hamas, den Rückzug aus dem Libanon und die Abkehr von der Produktion von Massenvernichtungswaffen – Forderungen, die im größeren Kontext der israelisch-arabischen Beziehungen und etwaigen syrisch-israelischen Friedensverhandlungen gesehen werden müssen.[254] Im Zuge des Irak-Krieges hatte die Einstellung der Waffenlieferungen und die Sicherung der Grenze sowie die Auslieferung von irakischen Regimegrößen Priorität – „ (...) political reforms in Syria are not a US-priority in ist dealing with Damascus.“[255] Selbst wenn die Unterstützung von Reformkräften an Bedeutung gewänne, wären den Offiziellen die Hände gebunden: Da das Land seit 1979 auf der Liste der *State Sponsors of Terrorism* steht, darf die USA Syrien und somit auch nicht-staatliche Initiativen nicht mit öffentlichen Geldern unterstützen. „This prevents us from engaging and empowering reformists in Syria“[256]

Schlussfolgerungen

Wie die Ausführungen zeigen, haben sich ein Großteil der externen Einflüsse nicht förderlich auf die Reformdebatte in Syrien ausgewirkt: Sowohl die Entwicklungen in Israel/Palästina

[251] So Muhannad al-Hasani, Salim Kheirbek, Michel Kilo und Hassan Abbas gegenüber der Verfasserin. Vgl. auch die Aussage von Anwar al-Bunni bei Wieland (2004), S. 146; ICG II, S. 19f.
[252] Für die BMENAI sprach sich etwa der syrische Schriftsteller Georges Kuthun aus, für weitere innersyrische Reaktionen auf die Initiativen siehe Abbas (2004), S. 427-441.
[253] Vgl. Wieland (2004), S. 142.
[254] Siehe hierzu Hinnebusch (2004); Hemmer (2003).
[255] So die Aussage eines US-Regierungsbeamten, zitiert nach Perthes (2004c), S. 140.
[256] Aussage von Flynt Leverett, Berater im Nationalen Sicherheitsrat, vor dem U.S.-Senat am 30.10.2003, zitiert nach ICG II, S. 21.

seit 2000 und die gescheiterten bilateralen Gespräche als auch die regionale Politik der USA stärkten die konservativen Elemente in der Regimeelite und lieferten ihnen, angesichts der außenpolitischen Bedrohung, Legitimation, den Status Quo aufrecht zu erhalten. Insbesondere der Druck durch die USA ermöglichte es dem Regime, Forderungen nach „westlichen" Modellen zu diskreditieren. Jedoch bewirkte die durch den außenpolitischen Druck (SALSA, GMEI) herbeigeführte und den Fall Bagdads forcierte Schwächung des syrischen Baath-Regimes eine Revitalisierung der Aktivitäten der syrischen Zivilgesellschaftsbewegung im Jahr 2003. Das syrische und andere arabische Regime sahen sich angesichts der Demokratisierungsinitiative der G8 zur Aufnahme eines demokratischen Diskurses gezwungen. Viele Intellektuelle äußern, dass sie keine Intervention der USA wünschen, der außenpolitische Druck jedoch – angesichts der Schwäche der innersyrischen Opposition – das einzige wirksame Mittel sei, um das Regime zu Reformen zu bewegen. Zwar kam es seit 2000 zu einer Annäherung an die EU, jedoch noch zu keiner Ratifizierung eines Assoziationsabkommens, das Baschar al-Asads Positionen gegenüber den Konservativen hätte stärken können. Es bleibt außerdem festzuhalten, dass weder für die EU noch für die USA – dem Land mit dem größten Bedrohungspotential gegenüber dem syrischen Regime – die Durchführung politischer Reformen in Syrien Priorität hat. Das Regime war (und ist) folglich keinem Reformdruck von außen ausgesetzt.[257]

II.4 Die innenpolitische Konstellation

II.4.1 Politische Nachfolge

Auf den vorigen Seiten wurde das Wirken systemischer Merkmale, des Akteursverhaltens und externer Einflüsse auf die Reformdebatte dargelegt. Eine zentrale Frage, um die Rücknahme der politischen Liberalisierungsschritte und die zögerlich umgesetzten Reformen zu verstehen, ist jene, nach Ursache und Auslöser der politischen Liberalisierung, die den Raum für die Reformdebatte schuf. Im Fall Syriens lässt sich dieser Umstand leicht bestimmen: Mit der Amtsantrittrede Baschar al-Asads am 17.7.2000 begann die Phase der Öffnung, die als „Damaszener Frühling" bekannt wurde und in deren Klima die Reformdebatte in davor nicht

[257] Laut Burhan Ghalioun liegt der Grund hierfür in der westlichen Perzeption einer islamistischen Bedrohung: « (...) il ne semble pas que les pays industrialisés qui ont tenté de lier leur soutien économique à l'amélioration de l'état des droits de l'Homme, ici et là, tiennent vraiment à mettre au défi un régime qui leur apparaît, plus que jamais aujourd'hui à la lumière de la guerre internationale contre le terrorisme, le plus préparé et le mieux disposé à faire face aux mouvements islamistes. » Ghalioun (2003), S. 20.

bekannter Öffentlichkeit und Breite begann.[258] Somit kann der Moment der politischen Nachfolge als Auslöser der breiten öffentlichen Reformdebatte geltend gemacht werden.

Nachfolgeprozesse zeichnen sich dabei in allen politischen Systemen durch bestimmte Merkmale aus: Sie werden durch Rituale bestimmt, die sowohl Kontinuität als auch Veränderung vermitteln sollen. Die Vermittlung dieses Spannungsverhältnisses dient dabei als legitimisierendes Ritual, das ein Machtvakuum und somit Instabilität verhindern, aber auch Gefolgschaft sichern soll.[259] Die Amtsantrittsrede Baschar al-Asads spiegelte dieses Spannungsverhältnis wider: So verpflichtete sich der neue Präsident der Kontinuität in der Außenpolitik – der Politikbereich, in dem sein Vater erfolgreich war und einem Wandel in der Innenpolitik, d.h. er sprach sich für Reformen in Wirtschaft und Verwaltung aus und gestand ein, dass in diesem Bereich in der Vergangenheit Versäumnisse gemacht wurden. Die Tatsache, dass die Innenpolitik zwei Drittel seiner Rede einnahm verdeutlichte die neue politische Prioritätensetzung.

Innerhalb der Machtelite und der Bevölkerung erzeugen Nachfolgeprozesse einerseits Unbehagen und Unsicherheit, lösen aber auch Hoffnungen auf eine Verbesserung aus.[260] Die Äußerungen und Maßnahmen Baschar al-Asads nach der Machtübernahme nährten insbesondere die positiven Erwartungen der Intellektuellen, aber auch externer Beobachter.[261] Unterstützt wurden diese Hoffnungen durch das Image Baschars, das in den Jahren vor dem Tod seines Vaters aufgebaut wurde: Anders als seine Brüder Mahir und der ursprünglich zum Nachfolger ausgewählte Basil, hatte Baschar al-Asad keine Karriere in der Armee absolviert, sondern ein Medizinstudium. Erst nachdem Basil 1994 bei einem Autounfall ums Leben kam und Baschar als Nachfolger aufgebaut wurde durchlief er eine militärische Ausbildung.[262] Die Übernahme der Dossiers „Modernisierung des Staates“ und „Korruptionsbekämpfung“ sowie sein Vorsitz in der SCS, „schuf noch vor dem Amtsantritt Bashshar al-Asads eine Atmosphäre der Hoffnung auf bevorstehende Reformen.“[263] Die Öffnung von oben, im Zuge derer sich die öffentliche Debatte entwickelte und einige der Maßnahmen Baschar al-Asads (Amnestien,

---

[258] Zwar gab es Debatten über wirtschaftliche Reformen schon seit der zweiten *infitāḥ* Anfang der 90er Jahre, und seit 1998 auch über politische Reformen, diese fanden jedoch nicht in dem Maße in der Öffentlichkeit statt, wie es während des Damaszener Frühlings der Fall war (siehe III).

[259] Vgl. Faath (2000), S. 8.

[260] Ebd.

[261] Besonders das Bild der U.S.-Regierung von Baschar al-Asad soll sich, laut Aussagen von Regierungsbeamten, in den ersten Amtsjahren Asads massiv gewandelt haben. Vgl. ICG II, S. 5.

[262] Er wurde jedoch nie offiziell zum Nachfolger ernannt und hielt bis zu seiner Präsidentschaft keine politischen oder militärischen Ämter.

[263] Vgl. Abbas (2005), S. 421. Zur Vorbereitung Baschar al-Asads auf das Amt siehe Koszinowski (2000), S. 363-373; Zisser (2001), S. 153-170; Leverett (2005), S. 58-68.

Gefängnisschließung, Lohnerhöhungen, aber auch die anti-israelische und amerikanische Rhetorik) können folglich als legitimisierende Maßnahmen im Kontext der politischen Nachfolge betrachtet werden, um einen *authority gap* zu vermeiden und die Unterstützung durch die Bevölkerung zu sichern.[264]

II.4.2 Die wirtschaftliche Lage

Zwar übernahm Baschar al-Asad das Präsidentenamt in einer Phase der steigenden Öl-Einnahmen[265], die innersyrischen Ölvorkommen sollen jedoch bis zum Jahr 2015 verbraucht sein.[266] Zudem konnte dieser Umstand nicht über den schlechten Zustand der syrischen Wirtschaft hinwegtäuschen, die Leverett als „textbook example of the nexus of demographic expansion and poor macroeconomic performance that characterizes so many states in the Middle East" bezeichnet.[267] Knapp 40 Prozent der syrischen Bevölkerung ist unter 15 Jahre alt, jährlich drängen 200 000 bis 250 000 Arbeitssuchende auf den Markt, die Arbeitslosenquote liegt offiziell bei 12,3 Prozent, in Wirklichkeit jedoch eher um 25 Prozent.[268] Ein unterentwickelter Privatsektor und ein überlasteter, ineffizienter öffentlicher Sektor haben nicht die Kapazität, um die schnell wachsende Zahl von jungen Arbeitssuchenden zu absorbieren. Insbesondere angesichts des begrenzten Öleinkommens, wird Syrien langfristig zu einer Strukturanpassung gezwungen sein, sei es um Kredite durch IWF oder Weltbank zu bekommen. Die letzten wirtschaftlichen Reformschritte lagen im Jahr 2000 zudem bereits neun Jahre zurück: Seit der Verabschiedung des *Investment Law No. 10* von 1991, dessen Auswirkungen gering waren, hat das Regime keine Reformaßnahmen mehr ergriffen.[269] Es spricht alles dafür, dass sich Baschar al-Asad, der sich bereits vor seiner Machtübernahme für eine Modernisierung der Wirtschaft und Verwaltung einsetzte, bei Amtsantritt der Notwendigkeit von Reformen bewusst war – seine Antrittsrede ist ein deutliches Zeichen dafür.[270] Das Bewusstsein um den Zustand der syrischen Wirtschaft und die negativen Folgen für die

---

[264] Vgl. Leverett (2005), S. 69; Zisser (2003a), S. 41.

[265] Seit der zweiten Hälft des Jahres 1999 sowie im Jahr 2000 profitierte Syrien von der Erhöhung des Ölpreises, bis 2003 zudem vom illegalen Öl-Import aus dem Irak. Vgl. Beck (2004), S. 173.

[266] Vgl. Leverett (2005), S. 34.

[267] Ebd.

[268] Vgl. CIA World Factbook Syria, http:// http://www.cia.gov/cia/publications/factbook/geos/sy.html, Stand 10.3.2005; Beck (2004), S. 173.

[269] Abgesehen von einer geringen Investition der Firma Nestlé, hat kein multinationaler Konzern im Zuge des Gesetzes in Syrien investiert. Vgl. Robinson (1998), S. 162.

[270] „ (...) a strong case can be made that Bashar came into office intent on modernising Syria and if not halting then seriously reducing corruption, and aware that this would require bold economic and perhaps even political steps." Vgl. ICG II, S. 11.

Stabilität kann somit als Ursache für die wirtschaftlichen und administrativen Reformschritte geltend gemacht werden. Auch Zisser merkt an:

Bashshar^{c}s desire to make changes in the social and economic spheres was understandable given the severe economic hardships Syria has suffered in the past decade. These hardships can be seen in the lack of economic growth and in the collapse of health, education and welfare services provided by the Syrian state, resulting in a drop in the standard of living of Syrian citizens. All this gave rise to fears for the stability of the Ba^{c}th regime and perhaps for its continued existence.[271]

In diesem Zusammenhang können die Liberalisierungsschritte im politischen Bereich auch als (typisches) Mittel zur Abmilderung der negativen Folgen einer anstehenden Wirtschaftsreform für die Bevölkerung interpretiert werden, so wie dies etwa in Jordanien oder Syrien Anfang der 90er Jahre geschah (siehe I.).[272] Aber auch, um auf eventuelle Partizipationsforderungen von Seiten des Privatsektors zu reagieren, der im Zuge struktureller Reformen an Autonomie gewinnen würde.[273] Insbesondere die Betonung einer transparenteren Regierungsweise kann in diesem Kontext als Versuch gedeutet werden, ausländische Unternehmen, die durch Korruption, undurchsichtige Strukturen und mangelnde Rechtssicherheit von Investitionen abgehalten werden, anzuwerben.[274] Darüber hinaus betonte Asad selbst das Problem mangelnder qualifizierter Kader für eine Umsetzung wirtschaftlicher und administrativer Reformschritte.[275] Die Einführung des Internet und die Reformen im Bildungsbereich können in diesem Zusammenhang als Bemühungen verstanden werden, qualifiziertes Personal heranzubilden. Der Aufruf zu „konstruktiver Kritik“ und die Liberalisierung der staatlichen Medien, aber auch die anfängliche Toleranz gegenüber den freien Diskussionen in den Foren der Zivilgesellschaftsbewegung, deuten auf einen Bedarf an Konsultation und Expertise hin.

Inwieweit Baschar al-Asad selbst von einer transparenteren, „guten Regierungsführung“ *(good governance)* überzeugt ist bzw. inwieweit es sich bei den Maßnahmen ausschließlich um rationa-

---

[271] Vgl. Zisser (2003a), S. 40.

[272] Als Beispiel hierfür kann die von Baschar al-Asad verordnete mehrfache Erhöhung der Löhne und Gehälter im öffentlichen Dienst angeführt werden. Eine Maßnahme, die durch die Ankurbelung des privaten Konsums zudem zur Konjunkturbelebung beitrug. Vgl. Koszinowski (2001), S. 160.

[273] So etwa die von Baschar al-Asad angekündigte Revitalisierung der NPF (Zulassung von Zeitungen, Erlaubnis zur Rekrutierung von Mitgliedern) und die Ankündigung eines Parteigesetzes (siehe III.).

[274] Worin u.a. der Grund für den geringen Erfolg des Gesetzes Nr. 10 lag. „Investment here is still not seen as secure, even under Law 10.“ So die Aussage eines syrischen Rechtsanwalts, zitiert nach Robinson (1998), S. 163.

[275] „Das Hauptproblem, mit dem ich als Hauptverantwortlicher des Landes konfrontiert bin, ist das der (fehlenden) Kader und kompetenten Mitarbeiter. Es gibt nicht genügend qualifizierte Leute, um Reformen durchzuführen, vor allem die Verwaltungsreform.“ Baschar al-Asad in einem Interview mit der *New York Times* vom 2.12.2003, zitiert nach Abbas (2005), S. 424.

les Kalkül zum Vorantreiben wirtschaftlicher und administrativer Reformen (und somit der Systemstabilisierung) handelt, kann nur spekuliert werden. Leverett stellt zu Recht fest, dass

Four and a half years into Baschar^{c}s presidency, there is little analytic consensus about the quality of his leadership, his inclinations on key domestic and foreign policy issues, or the degree of influence he really exercises over internal and external policies.[276]

Eingeschränkter Handlungsspielraum

Zwar gab es mit dem Bekanntwerden der Nachfolge Baschar al-Asads auch Stimmen, die sich gegen eine Erbfolge aussprachen und seine mangelnden politischen Fähigkeiten kritisierten,[277] doch der Nachfolgeprozess lief erstaunlich reibungslos ab. Ein Umstand, der nicht selbstverständlich ist, angesichts der Tatsache, dass es in der Verfassung (in der Syrien als Volksrepublik deklariert wird) keine Regelung gibt, die eine Erbfolge rechtfertigen würde. Baschar al-Asad konnte zudem keine eigene Gefolgschaft in der Armee aufbauen.[278] Maßgeblichen Erfolg an dem sanften Übergang hatte der innere Zirkel der Regimeelite, die den von Hafiz al-Asad ausgewählten Kandidaten einstimmig zu unterstützten schien.[279] u der Nominierung äußerte sich Mustafa Tlas zwei Tage vor Baschar al-Asads Amtseinführung wie folgt:

With the death of the late president we in the leadership were faced with two choices, either to hand the responsibility over to Mr. Abd al-Halim Khaddam, since he is Vice President of the Republic, or that I will be appointed. (...) We considered things rationally and found that all the members of the old guard are close to 70-years old, and if we appoint one of them you will face a change of President of the Republic every two years, and this is not in the interest of stability. Therefore, we decided unanimously to appoint the young Dr. Bashar."[280]

Baschar al-Asad schien so die gewünschte Stabilität und Kontinuität zu garantieren, genauso wie die notwendige Erneuerung. Das verwandtschaftliche Verhältnis zu Hafiz al-Asad, sein jugendliches Alter und sein Image als Technokrat und Modernisierer sind wichtige Legitima-

---

[276] Vgl. Leverett (2005), S. 18f.

[277] So äußerte etwa Hafiz Bruder Rif^{c}at al-Asad Bschars Nachfolge sei ein „Dolch im Rücken der syrischen Nation" und stellte fest, dass er der geeignete Kandidat sei. Der Parlamentarier Mundhir al-Muwassali kritisierte während einer Parlamentssitzung, dass er die Verfassungsänderung für illegal erachte, woraufhin ihn der Parlamentssprecher verwarnte. Baschar al-Asad wurde mit den Worten zitiert, dass Muwassali das Recht habe, seine Meinung zu äußern. Vgl. Zisser (2003), S. 39f; Koszinowski (2001), S. 156.

[278] Robinson schreibt 1998, dass er eine kollektive Herrschaft für wahrscheinlich und eine Erbfolge für die unwahrscheinlichste Variante halte. Vgl. Robinson (1998), S. 176.

[279] Nach Ghadbian spielten folgende Personen eine tragende Rolle bei der Entscheidung: Mustafa Tlas, Ali Aslan, Asef Shawkat, Bahjat Suleiman und Baschars Bruder Mahir al-Asad. Vgl. Ghadbian (2001), S. 626. Hafiz al-Asad bereitete die Nachfolge jedoch auch durch die Pensionierung und Versetzung von Personen vor, die eine potentielle Gefahr für Baschar darstellen. So wurde 1994 der Führer der Spezialtruppen Ali Haydar ersetzt, da er sich gegen eine Erbfolge aussprach. Vgl. Leverett (2005), S. 62. Der „gefährlichste" Konkurrent, Rif´at al-Asad, ist seit 1998 im Exil.

[280] *Al-Ahram* vom 15.7.2000, zitiert nach Leverett (2005), S. 249.

tionsquellen gegenüber der überwiegend jungen syrischen Bevölkerung.[281] Um dem Nachfolgeprozess auch nach außen Legitimität zu verleihen, wurden die politischen Institutionen miteinbezogen: so wurde das Präsidentschaftsalter per Verfassungsänderung nach unten gesetzt und Asad vom Parlament und per Referendum zum Präsidenten der Republik gewählt.[282]

Bei seinem Amtsantritt stand Baschar al-Asad in dem klassischen Dilemma, dass er das System angesichts der wirtschaftlichen Lage zwar reformieren muss, eine zu umfassende Reform jedoch die Kräfte derer, denen er sein Amt verdankt, untergraben würde (siehe II.2).[283] Folglich war bzw. ist sein Handlungsspielraum begrenzt. Faath stellt fest, dass es im Kontext der Nachfolge „in allen Staaten in der Diskussion der politischen Elite um Status Quo Erhalt oder zumindest um die größtmögliche Gewährleistung der Interessen dieser Eliten und ihrer Klientel" geht.[284] Cantori definiert Nachfolge in Staaten des Nahen Ostens somit als:

> (...) replacement of one ruler by another who emerges precisely because he is a guarantor of the sovereignty of the state and the maintainer of the domestic distribution of power and resources.[285]

Kein Staatschef kann folglich Reformen soweit umsetzten, „dass grundlegende Privilegien der Machtelite gefährdet werden." Des Weiteren kann er die Korruptionsbekämpfung nicht mehr als nur symbolisch angehen oder etwa klientelistische Strukturen aufbrechen.[286] Der neue Machthaber verfolge deshalb in der Regel eine „Politik des Ausgleichs" verbunden mit einer „Verteilungspolitik": Die Mitglieder der Machtkoalition werden soweit zufrieden gestellt, dass sie nicht gegen den neuen Machthaber opponieren. Alle, die außerhalb der Machtelite stehen, werden durch Verteilung von Ressourcen an die Staatsführung gebunden.

---

[281] Das Durchschnittsalter der syrischen Bevölkerung liegt 2006 bei 20,7 Jahren (BRD: 42,6), 37% der Bevölkerung sind unter 15 Jahren (BRD: 14%), Quelle: CIA The World Factbook: Syria. Von syrischen Jugendlichen hört man häufig die Feststellung, dass Baschar al-Asad gute Absichten habe (Reformen, Modernisierung), ihm aber die Hände gebunden seien. Private Kommunikation, Damaskus, Mai-Juli, 2005.

[282] Am 10. Juni 2000, dem Todestag Hafiz al-Asads, beförderte die Regionale Führung Baschar al-Asad zum General, ernannte ihn zum Oberbefehlshaber der Streitkräfte und nominierte ihn für die Präsidentschaft. Das Parlament votierte noch am selben Tag für eine Erweiterung des Artikels 82 der syrischen Verfassung, die das erforderliche Alter für eine Präsidentschaft von 40 auf 34 Jahre, dem damaligen Alter Baschar al-Asads, herabsetzt. Am 27. Juni wählte ihn das Parlament einstimmig zum Präsidenten der Republik, nachdem er zuvor zum Generalsekretär der Partei ernannt wurde. In einem nationalen Referendum am 10. Juli 2000 erhielt er schließlich 97,29 Prozent der Wählerstimmen. Vgl. Koszinowski (2001), S. 155f.

[283] Insbesondere der Makhlouf-Clan um Baschars Onkel Rami Makhlouf profitiert von illegalen Geschäften im Staatssektor, die durch zu tiefe wirtschaftliche Reformen oder eine veritable Antikorruptionskampagne gefährdet werden würden.

[284] Vgl. Faath (2000), S. 15.

[285] Cantori (2002), S. 105.

[286] Vgl. Faath (2000), S. 34.

Politische Liberalisierung wird in einem solchen Kontext nur in jenen Teilbereichen auf der Agenda stehen, von denen positive Auswirkungen auf die Stabilität und Machtkonsolidierung zu erwarten sind.[287]

Schlussfolgerung

Ausgelöst wurde die Öffnung des Systems durch die politische Nachfolge an der Spitze des Regimes im Jahr 2000. Die Liberalisierungsmaßnahmen können als legitimisierende Maßnahmen des neuen Herrschers betrachtet werden. Es kann zudem davon ausgegangen werden, dass sich Baschar al-Asad, mehr als sein Vater, der negativen Folgen der wirtschaftlichen Lage Syriens für die Stabilität des Regimes bewusst war. Im Zusammenhang mit einer beabsichtigten Modernisierung von Wirtschaft und Administration kann die Öffnung des Systems ferner als Mittel zur Abmilderung der negativen Folgen für die Bevölkerung, zur Anwerbung von Auslandsinvestitionen, zur Konsultation und zur Heranbildung von qualifiziertem Personal gedeutet werden. Politische Nachfolgeprozesse erzeugen sowohl Unsicherheit als auch Hoffnung auf Veränderung. Die Erwartungen an Baschar al-Asad, die noch durch sein Image als Reformer forciert wurden, stehen jedoch im krassen Gegensatz zu seinen realen Handlungsmöglichkeiten. Persönliche Neigungen, aber auch das oft zitierte jugendliche Alter spielen eine sekundäre Rolle bei der Umsetzung von Politik.[288] Seine Abhängigkeit von einer Regimeelite, die vom Status Quo profitiert, schränken Asads Reformambitionen massiv ein. Es muss jedoch betont werden, dass auch der Präsident eine Reform von Wirtschaft und Administration und keine demokratische Transition des Systems verfolgt.

II.5 Ergebnisse von Teil II

Bezüglich der zweiten These ergibt die in Kapitel II vorgenommene Analyse Folgendes: Zwar zwang die schlechte wirtschaftliche Lage die Staatsführung zu Reformen im administrativen und wirtschaftlichen Bereich, die neopatrimonialen Strukturen des Systems, die mangelnde Reform-Bereitschaft der konservativen Elemente innerhalb der Elite, aber auch wichtiger gesellschaftlicher Kräfte, die Abhängigkeit des Präsidenten von den konservativen Kräften, die bisher noch gesicherte Verteilung von Ressourcen, die schwache inländische Opposition,

---

[287] Ebd., S. 35.

[288] Darüber hinaus wurde in der Presse oft auf Baschar al-Asads „westliche Ausbildung" verwiesen. Nach seinem Studium in Syrien verbrachte er jedoch lediglich knapp zwei Jahre zur Facharztausbildung in London, bis er nach dem Tod seines Bruders Basil 1994 nach Syrien zurückkehrte.

mangelnder Reformdruck von außen (EU, USA) sowie der andauernde Konflikt mit Israel und der politische Druck von Seiten der USA wirkten sich zum großen Teil hemmend auf die Umsetzung von Reformen aus. Insgesamt muss die zweite These jedoch modifiziert werden: Die gescheiterten bilateralen Gespräche mit Israel und der außenpolitische Druck durch die USA stärkten zwar die konservativen Elemente in der Regimeelite. Der Sturz des irakischen Baath-Regimes im Frühjahr 2003 und die Demokratisierungsinitiative der G8 führten aber zu einer kurzen Wiederbelebung des öffentlichen Reformdiskurses in Syrien und der Aktivitäten der Zivilgesellschaftsbewegung.

Im Bezug auf die erste These dieser Arbeit lässt sich an dieser Stelle festhalten, dass der Moment der politischen Nachfolge und der damit verbundene Legitimationsbedarf sowie die schlechte wirtschaftliche Lage als Auslöser und Ursache für die Öffnung des Systems geltend gemacht werden können. Aufgrund der gestiegenen Ölrenten handelte es sich im Jahr 2000 zwar um keine akute wirtschaftliche Krise. Da aufgrund der wirtschaftlichen Situation langfristig jedoch eine Destabilisierung des Regimes droht (Delegitimisierung durch hohe Arbeitslosigkeit, Armut, Rentenknappheit), erkannte die neue Staatsführung die Notwendigkeit ökonomischer Reformen. Neben der Legitimationssicherung im Kontext der politischen Nachfolge, dienten die Liberalisierungsschritte der Abmilderung negativer Folgen für die Bevölkerung, der Einbindung der Unternehmerschaft, der Demonstration des Reformwillens nach außen und somit der Anwerbung von Krediten, Finanzhilfen und Investitionen. Die Zulassung öffentlicher Debatten schuf darüber hinaus Raum für die im Modernisierungsprozess dringend erforderliche konstruktive Kritik. Insofern kann die These, dass die Öffnung durch eine (wenn auch nicht akute) Krisensituation bedingt ist, bestätigt werden.

III Die Reformdebatte seit der Machtübernahme durch Baschar al-Asad

Zwar stellt jegliche Periodisierung von historischen Prozessen eine subjektive und zudem künstliche Einteilung von Geschichte dar. Der Debattenverlauf – ein Prozess, der aktuell noch nicht zum Abschluss gekommen ist – lässt sich dennoch grob in drei Phasen einteilen. Diese sollen auf den folgenden Seiten skizziert werden:

1. Von Juli 2000 bis Februar 2001 während des Damaszener Frühlings formierte sich die Zivilgesellschaftsbewegung, die Debatte um politische und wirtschaftliche Reformen wurde in relativer Freiheit geführt.
2. Ab Februar 2001 reagierte das Regime mit repressiven Maßnahmen auf die zivilgesellschaftlichen Aktivitäten. Die öffentliche Debatte um politische Reformen verstummte bis zum Frühjahr 2003.
3. Ab Frühjahr 2003, unter dem Einfluss des US-amerikanischen Drucks, wurde die Debatte wieder belebt. Sie erreichte jedoch nicht mehr die Öffentlichkeit des „Frühlings“. Diese Phase hält bis heute an.[289]

Diesen Phasen kann eine weitere vorangestellt werden, die Abbas als „Anfangsphase“ der Zivilgesellschaftsbewegung bezeichnet. Während die letzten vier Jahrzehnte durch eine „völlige Entpolitisierung der Gesellschaft und dem fortschreitenden Ersticken der freien Meinungsäußerung“ gekennzeichnet waren, setzte zwar seit Anfang der 90er Jahre eine vorsichtige wirtschaftliche Reformbewegung ein. „Im politischen Bereich waren Anzeichen zur Öffnung jedoch kaum wahrnehmbar.“[290] Die letzten beiden Amtsjahre Hafiz al-Asads, in denen Baschar al-Asad zunehmend in der Öffentlichkeit als Nachfolger auftrat, waren durch eine Lockerung des politischen Klimas geprägt. Baschar al-Asad, der in den 90ern eine Antikorruptions- und Modernisierungskampagne anführte, repräsentierte die liberale Atmosphäre, die sich auf gesellschaftlicher Seite in einer verstärkten Aktivität der Intellektuellen äußerte. So gründeten syrische Intellektuelle ab 1998 vereinzelt kulturelle Zirkel[291] und verfassten Zeitungsartikel, in denen etwa die Arbeit öffentlicher Einrichtungen und Industrie-

[289] Wie in der Einleitung dargelegt, wird hier die Debatte bis Ende 2003 dargestellt.
[290] Abbas (2004), S. 127.
[291] Im April 1999 wurde etwa der „Zirkel für kulturellen Dialog“ gegründet.

betriebe aber auch die Korruption im Sicherheitsstaat kritisiert wurde.[292] In der Öffentlichkeit entwickelte sich folglich bereits ab 1998 eine Debatte über den Reformwillen des Regimes in den Bereichen Verwaltung, Wirtschaft und Politik[293], die jedoch in Umfang und Öffentlichkeit nicht mit den Ereignissen ab Juli 2000 zu vergleichen ist. Im Mai 2000, kurz vor Hafiz al-Asads Tod, diskutierten die Teilnehmer eines von Michel Kilo organisierten privaten Treffens die Frage, wie man die kulturelle und demokratische Bewegung in Syrien wieder beleben könne.[294] Kilo bezeichnet dieses Treffen als „inaugural meeting of the civil society movement in Syria."[295] Er merkt aber auch an, dass die Intellektuellen während der letzten Jahrzehnte nie aufgehört hätten, für mehr Freiheit einzutreten. Der Vorsitzende der KP-Politbüro Riyad al-Turk, der wegen seinen Forderungen nach mehr Freiheit 17 Jahre im Gefängnis saß, äußerte in einem Interview im Januar 2000:

Der Gesellschaft bleibt nichts anderes übrig, als sich schweigsam zu verhalten, um auf diese Weise ihre Existenz und ihre Ablehnung der herrschenden Zustände zum Ausdruck zu bringen. Daher ist das Schweigen hier eine Meinungsbekundung, die aber nicht auf Dauer möglich ist. Zweifelsohne muss die Gesellschaft neue Ausdrucksformen finden wie öffentliche Stellungnahmen und Aktionen.[296]

Die Gruppe um Kilo organisierte weitere inoffizielle Treffen und formierte sich schließlich nach dem Amtsantritt Baschar al-Asads zu den Komitees zur Wiederbelebung der Zivilgesellschaft in Syrien, die eine tragende Rolle während des Damaszener Frühlings spielten.

III.1 Der Damaszener Frühling (Juli 2000 – Februar 2001)[297]

Fand also bereits vor der Machtübernahme durch Baschar al-Asad ein langsames Erwachen der Zivilgesellschaft in Syrien und eine Entspannung des politischen Klimas statt, so wurde diese Entwicklung durch die Amtsantrittsrede Asads forciert.[298] Zwar verwendete der Präsi-

[292] Etwa die 1999 und 2000 erschienenen Artikel von As^{c}ad Abud im Wirtschaftsteil von *ath-Thawra* oder die Artikel des syrischen Wissenschaftlers Tayyib Tizini in *Tishreen* ab Mai 2000. Vgl. Abbas (2004), S. 127; Tayyara (2003), S. 48f.

[293] Vgl. Leverett (2005), S. 65; Abbas (2005), S. 421.

[294] Vgl. George (2003), S. 33; Tayyara (2003), S. 49. Bei dem Treffen im Haus des Regisseurs Nabil al-Maleh nahmen u.a. der Dichter und Autor Adel Mahmoud und der Regisseur Muhammad Qa^{c}arisili teil.

[295] Zitiert nach George (2003), S. 33.

[296] Zitiert nach Al-Atasi (2001), S. 30.

[297] Die folgende Darstellung folgt, wenn nicht anders gekennzeichnet, Barout (2003); George (2003); Tayyara (2003); Zisser (2003a); Abbas (2004); Wieland (2004); Abbas (2005); Leverett (2005).

[298] Barout bemerkt, dass „die Machtübernahme Baschars in einem Moment stattfand, in dem die Kultur der Zivilgesellschaft Popularität in den intellektuellen Milieus erfahren hat (...)". Barout (2003), S. 56.

dent in seiner Rede nicht das Wort Reform *(iṣlāḥ)*, er sprach jedoch von Demokratie und Transparenz *(šafāfīya)* und der Notwendigkeit einen Staat der Institutionen *(daula muʾassasāt)* aufzubauen. Weiter äußerte er den dringenden Bedarf an „kreativen Denkern" und „konstruktiver Kritik".[299] „Die Nachfolge an der Staatsspitze löste eine immense Welle des Optimismus aus und machte Hoffnung auf einen neuen Vertrag zwischen Staatsmacht und Gesellschaft", äußert der syrische Intellektuelle Radwan Ziyadeh.[300] Unterstützt wurde dieser Optimismus, durch politische Liberalisierungsmaßnahmen in den ersten sechs Monaten nach Baschar al-Asads Amtsantritt. Die Intellektuellen formierten sich zur Zivilgesellschaftsbewegung und artikulierten ihre Forderungen an das Regime in Vorträgen, Petitionen, Artikeln und offenen Briefen. „Cétait la première fois dans lhistoire de la Syrie moderne que des réunions publiques avaient lieu sans autorisation officielle"[301], stellt der Autor und Menschenrechtler Najati Tayyara fest. Einer der ersten, die sich öffentlich zu Wort meldeten war Riyad al-Turk. Nach seinem Interview vom Januar kritisierte er in der panarabischen Zeitung *al-Quds al-Arabi* die Nachfolge Baschar al-Asads, forderte Demokratie und konstatierte „Syria cannot remain a kingdom of silence".[302] Im Laufe des Jahres 2000 publizierten einige Intellektuelle offene Briefe an den neuen Präsidenten, wie der Professor Nazem Kodmani oder der ehemalige Diplomat Burhaneddine Daghestani.[303] Den bekanntesten offenen Brief verfasste der syrische Schriftsteller Antoun Maqdisi. In dem Schreiben unterstrich er die lange Abwesenheit des Volkes, die Notwendigkeit die andere Meinung wahrzunehmen und die Dringlichkeit sich schrittweise „von einem Staat der Untertanen zu einem Staat der Staatsbürger" zu entwickeln.[304] Nach Veröffentlichung des Schreibens wurde Maqdisi jedoch seine Stelle im Kulturministerium gekündigt. In der dennoch vorherrschenden Atmosphäre der Offenheit nach der Machtübernahme vergrößerte sich die Gruppe um Michel Kilo stetig. Auch der Unternehmer Riyad Seif, der schon zuvor durch Kritik am Regime aufgefallen war, nahm an den Treffen der Gruppe im August und September 2000 teil. Diese verfolgte den Aufbau von,

committees on all levels, professional and other, which would link the particular problems of each sector with the general political problem. The lawyers for example, would integrate the problems they face (…) into a comprehensive, democratic programme.

[299] Vgl. Anhang D, S. 117.
[300] Ziyadeh (2003), S. 64.
[301] Tayyara (2003), S. 51.
[302] *Al-Quds al-Arabi* vom 7.2.2000, zitiert nach Leverett (2005), S. 168. Siehe auch *Le Monde* vom 28.6.2000.
[303] Vgl. *al-Hayat* vom 5.8 und 22.9.2000, zitiert nach Tayyara (2003), S. 49.
[304] Vgl. *al-Hayat* vom 25.8.2000, zitiert nach Tayyara (2003), S. 49; al-Atasi (2001), S. 34.

Während Kilo und seine Mitstreiter eine politisch-kulturelle Bewegung gründen wollten, verfolgte der Parlamentarier Seif das Ziel, eine offene politische Kampagne zu initiieren und Unterstützung von Reformern innerhalb der Regimeelite zu gewinnen. Seif gründete Anfang Juli 2000 ein explizit politisches Diskussionsforum[305], das bis Ende August 2000 jeden Sonntag in seinem Damaszener Büro tagte. „This was the first civil society forum in Syria."[306], so Seif.

Ende August 2000 gab Riyad Seif bekannt, dass er eine Vereinigung mit dem Namen „Freunde der Zivilgesellschaft in Syrien" *(anṣār al-muǧtama^c al-madanī fī sūriyā)* gründen wolle. In der Verlautbarung betonte er die Notwendigkeit, die Institutionen der Zivilgesellschaft wieder zu beleben und ein Gleichgewicht zwischen diesen und den Institutionen des Staates im Sinne einer Partnerschaft zu schaffen:

The rule of law, the independence of the judiciary and the abolition of special courts, martial law and emergency legislation also constitute a solid base for civil society.[307]

Seif, der Vizepräsident Abdelhalim Khaddam wegen seines Anliegens kontaktierte, stieß nach eigenen Angaben auf Ablehnung: Khaddam verdächtigte ihn, einen Coup zu planen und das System zerstören zu wollen. Khaddam und Bahjat Suleiman, der Vorsitzende der Inneren Sicherheit, schlugen Seif vor, seine Pläne zu verschieben und in naher Zukunft eine politische Partei zu gründen, da sich Syrien in einer Phase der Reform befände und es bald ein Gesetz zur Gründung von Parteien geben werde.[308] Im September 2000 gründete Seif, der nach eigener Aussage seinen Immunitätsstatus als Parlamentarier nutzen wollte, das „Forum für Nationalen Dialog". Einmal wöchentlich wurde in seinem Haus über das Thema Zivilgesellschaft referiert und anschließend diskutiert, die Teilnehmerzahl bewegte sich zwischen 200 und 250 Personen. Den ersten Vortrag Anfang September 2000 hielt Antoun Maqdisi. Während die staatlichen Medien die Sitzungen ignorierten, berichteten die arabischen Medien, insbesondere *Aljazeera* über das Forum, so dass auch Syrer über die Aktivitäten informiert waren. Die Staatsmacht konterte mit einigen Artikeln in dem libanesischen Journal *al-Muharrir News,* in denen sie die Intellektuellen beschuldigte, die Stabilität und Sicherheit zu beinträchtigen – zwei Themen, die „keine Organisation in Frage stellen dürfe".[309] In einem Artikel vom 9. November wurden die Intellektuellen beschuldigt, die Erfahrungen in Polen

---

[305] Die meisten der Diskussionszirkel bezeichneten sich als „kulturelle" Zirkel, um einer Provokation des Regimes und der Schließung durch die Sicherheitskräfte vorzubeugen.
[306] Zitiert nach George (2003), S. 35.
[307] Ebd.
[308] So die Aussage des Syrien-Korrespondenten von *al-Hayat* Ibrahim Hamidi, zitiert nach George (2003), S. 36.
[309] *Al-Muharrir News* vom 8.-14.9.2000, zitiert nach Barout (2003), S. 57.

imitieren zu wollen, wo sich Aktivisten unter dem Banner der Zivilgesellschaft gegen das kommunistische Regime gewandt hätten.[310] Da jedoch, bedingt durch den Ausnahmezustand, Versammlungen von mehr als fünf Personen ohne vorherige offizielle Genehmigung verboten sind, deuteten viele Intellektuelle das Nichteinschreiten der Sicherheitskräfte als Zeichen der passiven Zustimmung des Regimes.[311] Nach der Eröffnung von Seifs Forum entstanden ab November 2000 weitere Diskussionszirkel in Damaskus und anderen syrischen Städten. Seif: „By January it was like a fashion. Every week you heard an announcement of the opening of a new forum."[312] An den Treffen in Seifs Wohnung nahmen auch Baath-Mitglieder teil um, so der Vorsitzende der *Association of Damascus University Faculty*, Faisal Kulthum, „the commitment of members of the Ba^{c}th Party to the ideas of openness and liberalism"[313] auszudrücken – und natürlich um den offiziellen Standpunkt der Partei zu verbreiten. Ende 2000 bildete Seif einen liberalen Block im Parlament bestehend aus 21 Parlamentariern, unter ihnen der Unternehmer Ma^{c}mun al-Homsi. Das Parlamentspräsidium verweigerte die Anerkennung der Fraktion, da Zusammenschlüsse außerhalb der NPF nicht erlaubt sind. Die Mitglieder des Blocks begannen jedoch ihre Aktionen zu koordinieren und das Regime während der Parlamentssitzungen scharf zu kritisieren. Al-Homsi etwa kritisierte im November 2000 den Sicherheitsapparat, ein Tabuthema, und schlug eine Budgetkürzung vor, betonte jedoch auch die Verdienste der Institution in Bezug auf die Sicherheit des Landes.[314]

Auch die Intellektuellen koordinierten ihre Aktionen. Als „die erste wirksame und kollektive politische Wortmeldung der Intellektuellen nach dem Machtantritt von Bashar al-Asad"[315], bezeichnet der Journalist Muhammad al-Atasi das Manifest der 99. Das in Seifs Forum angeregte Manifest wurde am 27.9.2000 in einigen arabischen Tageszeitungen außerhalb Syriens veröffentlicht.[316] Die Erklärung spricht von der „dringenden Notwendigkeit des Engagements aller Bürger angesichts der Herausforderungen von Modernisierung und Öffnung" und fordert:

---

[310] *Al-Muharrir News* vom 9.9.2000, zitiert nach Gambill, Gary: Dark days ahead for Syria´s liberal reformers, *Middle East Intelligence Bulletin,* Vol. 3, No. 2 (February 2001).

[311] Nach dem syrischen Vereinsgesetz benötigt jede Vereinigung eine Genehmigung vom Ministerium für soziale Angelegenheiten.

[312] Zitiert nach George (2003), S. 37. Anfang 2001 sollen 21 Foren im Land aktiv gewesen sein, *al-Hayat* vom 3.4.2001, zitiert nach Zisser (2003a), S. 46. Abbas spricht von 150 Foren, Interview der Verfasserin vom 3.7.2005. Für eine Auflistung der Zirkel siehe Tayyara (2003), S. 51.

[313] *Al-Hayat* vom 17.1.2001, zitiert nach Zisser (2003), S. 47.

[314] Vgl. *al-Hayat* vom 2.9.2000, zitiert nach Zisser (2003a), S. 49.

[315] Vgl. al-Atasi (2001), S. 31.

[316] U.a. in *as-Safir, an-Nahar, al-Hayat.*

- Die Aufhebung des seit 1963 andauernden Ausnahmezustandes und der Notstandsgesetze *(ilġāʾ ḥāl aṭ-ṭawāriʾ wa-l-aḥkām al-ʿurfīya)*[317],
- eine Generalamnestie für alle politischen Gefangenen, Gewissensgefangenen und politisch Verfolgten, ein Rückkehrrecht für alle Deportierten und Exilanten *(wa iṣdār ʿafw ʿām ʿan ǧamīʿ al-muʿtaqilīn as-siyāsiyīn wa-muʿtaqilī ar-raʾy wa-ḍ-ḍamīr wa-l-mulāḥifīn li-asbāb siyāsīya wa-s-samaḥ bi-ʿauda al-mušridīn wa-l-manfīyīn as-siyāsiyīn ǧamīʿan)*[318],
- die Wiederherstellung des Rechtsstaates, die Garantie öffentlicher Freiheiten, die Anerkennung von politischem und intellektuellem Pluralismus, Versammlungs-, Presse- und Meinungsfreiheit *(wa-ḥaḍḍu ʿalā irsāʾ daula al-qānūn wa-iṭlāq al-ḥurrīyāt al-ʿāmma wa-l-iʿtirāf bi-t-taʿaddudīya as-siyāsīya al-fikrīya wa-ḥurrīya al-iǧtimāʿ wa-ṣ-ṣaḥāfa wa-t-taʿbīr ʿan ar-raʾy)*[319],
- die Befreiung des öffentlichen Lebens von Gesetzen, Zwängen und zahlreichen Formen der Zensur, die ihm auferlegt sind *(wa-taḥrīr al-ḥayāt al-ʿāmma min al-qawānīn wa-l-quyūd wa-aškāl ar-riqāba al-mafrūḍa ʿalaihā)*[320].

Das Manifest übte dabei weder an Hafiz noch an Baschar al-Asad und dem Baath-Regime Kritik und adressierte ganz allgemein „die Staatsmacht" *(aṣ-ṣulṭa)*. „The statement was carefully drafted to minimize annoyance to the regime", bemerkt George.[321] Das zentrale Argument der Zivilgesellschaftsbewegung, das in dem Manifest zum Ausdruck kommt, lautet, dass nur eine umfassende Reform Stabilität und Sicherheit garantiere:

> inna ayy iṣlāḥ, sawāʾ kāna iqtiṣādīyan au idārīyan au qānūnīyan, lan yuḥaqqiq aṭ-ṭumaʾnīna wa-l-istiqrār fī-l-bilād, mā lam yuwākibuhu bi-šakl kāmil ǧanban ilā ǧanb al-iṣlāh as-siyāsī al-manšūd. fa-huwa al-waḥīd al-qādir ʿalā īṣāl muǧtamaʿnā šaiʾan fa-šaiʾan ilā barr al-amān.[322]

Zu den Unterzeichnern der Erklärung gehörten Rechtsanwälte, Autoren, Dichter, Filmemacher, Schauspieler, Theaterregisseure, Wissenschaftler und Journalisten unter ihnen Persönlichkeiten wie der Literaturprofessor Burhan Ghalioun, Sadiq Jalal al-Azm, Michel Kilo,

---

317 Bayān al-99, Anhang A, Seite 108, Zeile 1.
318 Ebd. Zeile 1-3.
319 Ebd. Zeile 3-4.
320 Ebd. Zeile 4.
321 Vgl. George (2003), S. 40; Leverett (2005), S. 92.
322 „Keine Reform, sei sie wirtschaftlich, administrativ oder legislativ, kann Sicherheit und Stabilität im Land verwirklichen, wenn sie nicht vollständig von der erstrebten politischen Reform begleitet wird. Diese ist die einzige, die es vermag, unsere Gesellschaft nach und nach in sichere Gefilde zu führen." Bayan al-99, Anhang A, S. 108, Zeile 10-12.

Najati Tayyara, der Dichter Adonis sowie die Rechtsanwälte Anwar al-Bunni und Muhammad Ghadoun. Die Bedeutung des Manifests für die syrische Zivilgesellschaftsbewegung darf dabei, angesichts der jahrelangen Lähmung jeglicher öffentlicher Aktivitäten, nicht unterschätzt werden. So äußert Tayyara: „Brisant les chaînes de la peur enracinée dans le pays, il fut considéré comme une manifestations de la conscience civile et ressenti comme un pavé dans la mare."[323] Muhammad al-Atasi bemerkt in Bezug auf die Erklärung, „Mit ihren klaren politischen Forderungen (...) machte sie die Intellektuellen zu einer aktiven politischen Kraft."[324]

Das Regime begegnete dem Manifest mit „positiver Neutralität"[325]: Das Regime ignorierte die Erklärung, ausländische Zeitungen, die darüber berichteten fielen jedoch der staatlichen Zensur zum Opfer. Gegenüber den Sicherheitsdiensten, die gegen die Intellektuellen vorgehen wollten, äußerte Asad, dass diese zwar die Pflicht hätten, zu wissen, was diese täten, nicht aber das Recht, sie davon abzuhalten.[326] In der Folge des Manifests erschienen in den staatlichen Medien einige Artikel, in denen die Zivilgesellschaftsbewegung angegriffen wurde. Der Chefredakteur von *Tishreen,* Khalaf Jarad, schrieb, dass es sich bei der Bewegung um eine Minderheit handle, "and seekers of publicity, honours and power, while the vast majority of the public in the Arab homeland are struggling to find bread, shelter and income."[327] Keiner der Unterzeichner wurde jedoch verhaftet, was dazu führte, dass auf das Manifest der 99 zahlreiche weitere Stellungnahmen und Aktivitäten folgten. Eine Entwicklung, die unter den Intellektuellen zu einer Diskussion über die Grenzen ihrer politischen Rolle und ihrem Verhältnis zur Staatsmacht führte. Einigen Autoren zufolge bildeten sich zwei Lager innerhalb der Zivilgesellschaftsbewegung: Zum einen ein moderates Lager, das eine Allianz mit Asad und den Reformern in der Regimeelite sucht und seine politische Rolle so selbst eingrenzt, wie die vorsichtige Formulierung des Manifests der 99 zeigt. Und ein radikales Lager, das die Fundamente des Regimes kritisiert, da das System unfähig sei, sich selbst zu reformieren.[328] Auch die syrischen Berufsverbände, Gewerkschaften und Massenorganisatio-

[323] Tayyara (2003), S. 50.
[324] Al-Atasi (2001), S. 31.
[325] Barout (2003), S. 57.
[326] Vgl. *al-Hayat* vom 26.1.2001, zitiert nach Tayyara (2003), S. 51f; *Middle East Economic Digest* vom 22.12.2000, zitiert nach Leverett (2005), S. 92
[327] Vgl. *Tishreen* vom 12.9.2000, zitiert nach George (2003), S. 50.
[328] Während manche die Gruppe um Michel Kilo zu den Moderaten zählen und Riyad Seif zu den Radikalen, da er den Versuch unternahm eine Partei zu gründen (Leverett), teilen andere Autoren die Aktivisten umgekehrt ein: Kilo wird wegen der Publikation des Manifests der 1000 zum radikalen Flügel gezählt und Seif, der ehemalige Parlamentarier, der zudem nie direkte Kritik an Asad übte, zum moderaten Lager. Vgl. George (2003), S. 42.

nen veröffentlichten Erklärungen, in denen sie die Forderungen, die in dem Manifest gestellt wurden, unterstützten und sie „entsprechend der Sichtweise und den Positionen der verschiedenen sozialen und politischen Gruppen weiterführten.“[329]. Auch die Menschenrechtsorganisationen traten (wieder) an die Öffentlichkeit: Die seit der Verhaftung ihrer Vorsitzenden im Jahr 1991 weitgehend öffentlich verstummten CDF veröffentlichten im Dezember 2000 einen Aufruf zur Amnestie für politische Gefangene in syrischen Gefängnissen und forderten die Abschaffung geheimer Gerichtsverhandlungen sowie das Rückkehrrecht für Exilanten. Die CDF erklärten, dass sie sich aufgrund der positiven politischen Entwicklungen in Syrien wieder zur Arbeit in der Öffentlichkeit entschlossen hätten.[330] Bereits im Juli 2000 wurde die HRAS gegründet, deren Vorsitz bis zum Jahr 2005 der Rechtsanwalt Haitham al-Maleh innehatte.[331]

Baschar al-Asad unternahm nach seinem Amtsantritt Maßnahmen, die von einigen als Reaktion auf die Forderungen der Zivilgesellschaftsbewegung interpretiert wurden. In Fortführung der Tradition seines Vaters unterzeichnete Baschar al-Asad anlässlich des dreißigsten Jahrestages der Korrekturbewegung am 15. November 2000 eine Amnestie für rund 600 politische in syrischen und libanesischen Gefängnissen. Entgegen der Praxis von Hafiz al-Asad legte Baschar al-Asad das Dekret (Gesetz Nr. 17) jedoch dem Parlament zur Zustimmung vor. Die Amnestie, die in den staatlichen Medien als „great offering by the great heart“ des Präsidenten bezeichnet wurde, war zudem das erste öffentliche Zugeständnis, dass in syrischen Gefängnissen „politische Gefangene“ inhaftiert sind.[332] Am 19. November erwirkte Baschar al-Asad per Dekret die Schließung des berüchtigten Gefängnisses von Mezze, ein Schritt mit hohem Symbolcharakter. Gambill merkt jedoch an, dass das Gefängnis aus technischen Gründen geschlossen werden musste und viele Gefangene bereits zuvor verlegt wurden.[333] Der Führer der syrischen Muslimbrüder Ali Sadr ad-Din Bayanuni begrüßte die Schließung als „Schritt in die richtige Richtung“, forderte aber das Rückkehrrecht für exilierte politische Führer und die Abschaffung der Todesstrafe für Angehörige der Muslim-

[329] Al-Atasi (2001), S. 31.
[330] Vgl. George (2003), S. 41.
[331] Insgesamt sind im Jahr 2005 vier Menschenrechtsorganisationen in Syrien aktiv: CDF, HRAS, die syrische Sektion der Arab Organization for Human Rights (AOHR) und eine Organisation mit dem Namen „Vereinigung Sawasiya“. Vgl. Abbas (2005), S. 412.
[332] Vgl. *AP* vom 16.11.2000, zitiert nach Leverett (2005), S. 169.
[333] Mezze, ein Vorort von Damaskus, habe sich zudem in den letzten Jahren zu einem beliebten Wohnort für viele Mitglieder der Regimeelite entwickelt. Vgl. Gambill, Gary: Bashar breaks with the past … gradually, *Middle East Intelligence Bulletin,* (December 2000).

bruderschaft.[334] Auch die Schließung des Gefängnisses von Tadmur (Palmyra) wurde angekündigte, erfolgte aber bis heute nicht.

Neben den Amnestien führte Asad einige Neuerungen in den staatlichen Medien ein: Am 27. Juli ernannte er neue Chefredakteure der *Syrian Arab News Agency (SANA)*, von *ath-Thawra* und *Tishreen*. Bereits im März 2000 wurde Adnan Umran zum neuen Informationsminister ernannt.[335] Während sich bei den anderen Medienorganen nicht viel veränderte, entwickelte sich *ath-Thawra* in den Wochen nach der Ernennung Mahmud Salamehs zum Chefredakteur zur „key platform for the civil society movement“[336]. Salameh, der kein Baath-Mitglied war, kontaktierte führende Figuren der Bewegung und bot ihnen an, ihre Artikel zu veröffentlichen. Anfang Oktober 2000 erschien ein kritischer Artikel des Ökonomen Arif Dalila, in dem dieser Korruption und Nepotismus in der Staatsbürokratie anklagte und die Politik der vergangenen Regierungen dafür verantwortlich machte.[337] Weitere Artikel von Dalila folgten, auch Michel Kilo veröffentlichte einen Beitrag. „Ours was the only newspaper that opened a dialogue about civil society“, so Salameh.[338] Er stellte jedoch auch fest, dass es drei Tabuthemen gebe: Die Fundamente des politischen Systems, die nationale Einheit und die nationale Sicherheit, sonst sei alles erlaubt.[339] In einem Artikel in der Beiruter Zeitung *an-Nahar* schrieb Kilo, dass Salameh „believed that intellectuals constituted a force that could help Syria emerge from its dilemma – a force for dialogue and compromise (...).“[340]

In einem Versuch die politischen Kräfte in der Gesellschaft zu kanalisieren und zu kooptieren, erörterte Asad in einem Treffen mit den Führern der NPF-Parteien Anfang August 2000 Vorschläge für eine Modernisierung und Entwicklung der Front, was unter anderem eine Veränderung des Gesetzes zur Gründung von politischen Parteien, eine Lockerung der Pressebeschränkungen und eine Neubewertung der Notstandsgesetze einschloss. Die Umwandlung der NPF in ein staatlich überwachtes Gefüge von „quasi-unabhängigen“ Parteien ermöglicht dem Regime, die Kontrolle über die Parteienlandschaft zu bewahren, nach außen jedoch den Anschein einer Pluralisierung des politischen Systems zu erwecken.[341] Seit Ende November 2000 ist es den Parteien der NPF erlaubt, Mitglieder zu rekrutieren und Zeitschrif-

---

[334] Ebd. Auch Amnesty International und das SHRC (London) begrüßten die Schritte, wiesen aber auf die verbliebenen Gefangenen hin.
[335] Vgl. Zisser (2003a), S. 42.
[336] George (2003), S. 132.
[337] Vgl. *ath-Thawra* vom 1.10.2000.
[338] Zitiert nach George (2003), S. 132.
[339] Vgl. George (2003), S. 133.
[340] Ebd. Nach seiner Entlassung im Mai 2001 verstarb Salameh aus Altersgründen.
[341] Vgl. Zisser (2003a), S. 45.

ten zu publizieren. Anfang Januar 2001 erschien erstmals öffentlich *Ṣaut aš-Šaᶜb* („Die Stimme des Volkes"), die Zeitung des Baqdasch-Flügels der in der NPF vertretenen KPS.[342] Dies war die erste öffentliche Zeitung seit 1963, die nicht durch das Regime kontrolliert wurde. Im Februar folgte die ASU mit der Zeitschrift *al-Waḥdāwī* („Der Unionist"). Im Mai veröffentlichte der Faisal-Flügel der KPS die Publikation *an-Nūr* („Das Licht"), die ASP publizierte *al-ᶜArabi al-Ištirākī* („Der sozialistische Araber"). Anfang Dezember 2000 erklärte die Parteiführung, dass Parteivorsitzende nicht mehr durch die Führung ernannt sondern durch die Mitglieder gewählt werden sollen. Neben den Parteizeitungen erschien im Februar 2001 die erste private und unabhängige Zeitschrift seit 1963: Das Satiremagazins *ad-Dummarī* („Der Nachtwächter"), herausgegeben von dem Karikaturisten Ali Firzat und den Schriftstellern Walid Mimari und Lokman Deyrki. Im Juni erschien die zweite unabhängige Zeitschrift und Syriens erstes Wirtschaftsjournal *al-Iqtiṣādīya* („Die Wirtschaft").[343] *Ad-Dummarī* beschäftigte sich hauptsächlich mit den gestatteten Themen Misswirtschaft, Ineffizienz und Verschwendung und rief regelmäßig Beschwerden von Parlamentsmitgliedern hervor. Das Blatt bemühte sich jedoch stets die rote Linie nicht zu überschreiten.[344] Als *ad-Dummarī* im Juni 2001 jedoch einen kritischen Artikel über die Regierungstätigkeit und die Kabinettsumbildung drucken wollte, schritt die Zensur ein. Unter anderem aufgrund sinkender Verkaufszahlen stellte Firzat im Januar 2002 die Publikation ein.[345]

Neben den Liberalisierungsmaßnahmen in den Bereichen Presse und Parteiwesen, unternahm die Regierung eine Reihe wirtschaftlicher Reformmaßnahmen. Im Juli wurde nach dreißig Jahren die Beschränkung für ausländische Automobilexporte aufgehoben, im August 2000 genehmigten die Behörden drei ausländischen Banken die Betätigung in Syrien.[346] Im Dezember verabschiedete die Partei einen Entschluss zur Errichtung von Privatbanken und eine Wechselbörse. Zeitgleich arbeiteten die von Michel Kilo initiierten Komitees zur Wiederbelebung der Zivilgesellschaft in Syrien an dem Entwurf für eine zweite große

---

[342] Die Publikation wurde bisher nur intern verteilt und konnte nun auch an Zeitungsständen verkauft werden.

[343] Am 22.7.2002 erschien mit *Abyaḍ wa-Aswad* (Weiß und Schwarz) die dritte unabhängige Zeitung, herausgegeben von Muhammad Bilal Turkmani, dem Sohn des seit 2004 amtierenden Verteidigungsministers Hassan Turkmani. Die Zeitschrift beschäftigt sich mit gesellschaftlichen und wirtschaftlichen Themen, nicht jedoch mit politischen Angelegenheiten. Vgl. Zisser (2003a), S. 44.

[344] Aktivisten der Zivilgesellschaftsbewegung warfen Firzat deswegen vor, dass er zwar die Symptome zeige, jedoch nicht die Ursache für die schlechten Zustände. Firzat hingegen kritisierte die Intellektuellen, zu schnell zu viel zu fordern und äußerte, dass er nicht im Bereich der Politik arbeite. Vgl. George (2003), S. 131

[345] Im Januar 2002 genehmigte die Regierung die private Radiostation *Damaskus 1*, die jedoch nur Musik und Werbung spielt und sich keinerlei politischer Themen annimmt. Vgl. Zisser (2003a), S. 44.

[346] Société Générale Libano-Européenne de Banque, Fransabank und Banque Européenne pour le Moyen-Orient. Vgl. *AFP* vom 8.8.2000, zitiert nach Leverett (2005), S. 168.

Erklärung, das so genannte „Manifest der 1000“ *(waṯīqa al-alf),* auch bekannt als „Gründungsdokument der Komitees zur Wiederbelebung der Zivilgesellschaft“ *(al-waṯīqa al-asāsīya li-liǧān iḥyā᾽ al-muǧtamaᶜ al-madanī fī sūriyā).*[347] Über den Inhalt des Manifests der 1000 gab es heftige Differenzen innerhalb der Zivilgesellschaftsbewegung, was daran deutlich wurde, dass es drei verschiedene Versionen der Erklärung gab und zudem viele der Intellektuellen von einer Unterzeichnung Abstand nahmen. Ein Entwurf des Manifests wurde schließlich am 7. Januar 2001 veröffentlicht, noch bevor 1000 Personen die Erklärung unterzeichnet hatten.[348] Das Manifest nimmt die Forderungen des Manifests der 99 nach der Aufhebung des Ausnahmezustands, der Freilassung aller politischer Gefangenen und der Wiedereinbürgerung politischer Exilanten auf, konkretisiert und erweitert diese aber um folgende Forderungen:

- Garantie politischer Freiheiten, insbesondere der Meinungs- und Ausdrucksfreiheit; Verabschiedung einer Gesetzgebung, um Aktivitäten von politischen Parteien, Vereinigungen, Klubs und NGOs zu regeln,
- Modifikation des Pressegesetzes,
- Verabschiedung eines demokratischen Wahlrechts,
- Versicherung der Unabhängigkeit und Integrität der Judikative,
- Garantie wirtschaftlicher Rechte für Bürger, insbesondere das Recht auf eine gerechte Verteilung des nationalen Reichtums und Beschäftigung,
- Anerkennung, dass die Behauptung, die NPF repräsentiere die Kräfte der syrischen Gesellschaft und das Land benötige nicht mehr als eine Stärkung der NPF, die gesellschaftliche und wirtschaftliche Stagnation und die politische Lähmung fortführt,
- Abschaffung der gesetzlichen Diskriminierung von Frauen.

Der vorletzte Punkt war eine deutliche Reaktion auf Asads Vorhaben, die NPF „zu revitalisieren“, um so die gesellschaftlichen Kräfte kontrollieren und denn Anschein von Pluralismus erwecken zu können.[349] Den Forderungen geht ein ausführlicher Text voran, in dem das

---

[347] Für eine englische Übersetzung des Manifests der 1000 siehe George (2003), S. 182-188; Leverett (2005), S. 207-212.

[348] Laut Barout haben nur 16 Personen das Manifest unterschrieben, für eine Liste der Namen siehe Barout (2003), S. 62. In *as-Safir* vom 11.1.2001 erschien ein Artikel, der Teile des Manifests widergibt.

[349] Yassin al-Hajj-Saleh äußert diesbezüglich: «Ce qui risque d´arriver maintenant c´est que les regroupements civils du Printemps de Damas prennent la forme d´un parti politique et perdent ainsi ce qui les caractérisait, à savoir la souplesse, la décentralisation et l´harmonisation des ‘principes’ avec les faites.» Al-Hajj-Saleh (2003), S. 80f.

Konzept und die Bedeutung der Zivilgesellschaft dargelegt wird und zudem die „Revolution“ und Herrschaft des Baath-Regimes (und somit Hafiz al-Asads) direkt kritisiert wird:

Marginalizing civil society involved disregarding the state, the individual and his position, painting the state with one party, one color and one opinion. (...) The wealth of the state and of its institutions, the country´s resources and those of the institutions of civil society, became like feudal estates that were distributed to followers and loyalists. Patronage replaced law; gifts and favors replaced rights; and personal interests replaced the general interest. (...) Every citizen became a suspect (…).[350]

Die Erklärung stellt fest, dass ohne einen nationalen Dialog keine Reform möglich sei und wirtschaftlichen Reformen sowie Anti-Korruptionsmaßnahmen ein umfassendes Paket politischer und verfassungsmäßiger Reformen vorangehen müsse. Abschließend ruft es zur Errichtung von Komitees zur Wiederbelebung der Zivilgesellschaft auf. Verschiedene Autoren äußern, dass die Publikation des Manifests zum Bruch zwischen Michel Kilo und Riyad Seif geführt habe, eine Aussage die George relativiert.[351] Es entbrannten jedoch heftige Diskussionen unter den Intellektuellen über Formulierungen und Inhalt der Erklärung.[352] So brachten die Ausführungen über die Zivilgesellschaft den Verfassern den Vorwurf ein, durch theoretische Diskussionen von den wichtigen Fragen, nämlich der Aufhebung des Ausnahmezustands und dem Rückkehrrecht für Exilanten, abzulenken.[353] In der Presse wurde in der Folge eine Debatte zwischen Vertretern des Regimes und der Bewegung über den Begriff der Zivilgesellschaft ausgetragen, die al-Atasi „haarspalterisch“ nennt.[354] Zudem kritisierte etwa Riyad al-Turk, dass die Erklärung der 99 ausführlich genug gewesen sei und das Manifest der 1000 die Zivilgesellschaft eher spalte als eine. Den Komitees würden außerdem politische Aufgaben zugesprochen, die sie nicht wahrnehmen könnten.[355] Viele befürchteten, dass sich die direkte Kritik am Regime als kontraproduktiv für die Zivilgesellschaftsbewegung erweisen könnte. So schreibt al-Atasi: „(…) wir bezahlen einen hohen Preis für die Fehler dieser Theoretiker.“[356] Auch Antoun Maqdisi äußerte sich kritisch:

---

[350] The Statement of 1,000, in Leverett (2005), S. 208.

[351] „The reports of a significant cleavage between Kilo and Seif appear greatly exaggerated. In reality, they were engaged in separate, but complementary projects.“ George (2003), S. 42.

[352] Die Parteien der NDS kritisierten etwa die Aktion und die Thesen, unterstützten aber die Arbeit der „Komitees“, die Muslimbrüder unterstützten die politischen Forderungen des Manifests, jedoch nicht die theoretisch-laizistische Präambel. Auch Radwan Ziyadeh kritisiert, dass die Zivilgesellschaft auf eine Gruppe laizistischer Intellektueller reduziert würde. Vgl. Barout (2003), S. 58f.

[353] So der Standpunkt des Journalisten Muhammad Ali al-Atasi. Vgl. al-Atasi (2001), S. 32.

[354] Vgl. al-Atasi (2001), S. 32.

[355] Zitiert nach al-Atasi (2001), S. 32.

[356] Al-Atasi in Barout (2003), S. 59.

Die Erklärung der 99 und die Ausführungen von Riyad al-Turk im Supplement von *an-Nahar* enthielten bereits alle Forderungen und Erwartungen der Intellektuellen. All die vielen Erklärungen und die noch zahlreicheren Artikel, die danach erschienen, brachten nichts Neues. Im Gegenteil, anstatt die Erklärung der 99 präziser zu untermauern, haben sie deren Aussage kompliziert und schwer verständlich gemacht.[357]

Reformorientierte Baathisten kritisierten das Dokument wegen seines scharfen Tons.[358] Die Staatsführung reagierte zunächst nicht. Drei Tage nach Veröffentlichung des Manifests, erklärte Michel Kilo in einem Interview mit *al-Hayat,* seine Dankbarkeit für die Weitsichtigkeit der Führung, repräsentiert durch Baschar al-Asad, die das Dokument positiv aufgenommen habe.[359] In der Tat wurden die arabischen Zeitungen, die das Manifest der 1000 abgedruckt hatten, nicht zensiert und keine Maßnahmen gegen Unterzeichner und Journalisten, die darüber berichtet hatten, ergriffen.

Am 19. Januar 2001 erklärte Muhammad Sawwan, ein ehemaliges Mitglied der ASU, die Absicht zur Gründung der „Versammlung für Demokratie und Einheit" *(taǧammuᶜ min aǧli ad-dīmuqrāṭīya wa-l-waḥda),* als ein ständiges demokratisches Forum um Themen wie Korruption, Patriotismus und Nationalismus zu behandeln.[360] Wenige Tage später machte Riyad Seif seine angestrebte Gründung einer politischen Partei mit der Bezeichnung „Bewegung für sozialen Frieden" *(ḥaraka as-salām al-iǧtimāᶜī)* öffentlich.[361] Die Gründung der Partei, so Barout, „habe die Staatsmacht aufgerüttelt, die daraufhin eine Neubewertung ihrer Politik veranlasste."[362] Gegenüber der ausländischen Presse äußerte der syrische Informationsminister Adnan Umran Ende Januar 2001 bezüglich der Diskussionsforen:

We respect the opinion of others so long as they fall under the constitution and are founded on responsibility and a commitment toward the country and unity. What goes beyond the law is forbidden.[363]

Als Antwort auf die Forderungen der Intellektuellen, nach einer Aufhebung des Ausnahmezustands konstatierte Umran, dass das Kriegsrecht zwar existiere, „but it´s frozen and not

[357] Zitiert nach al-Atasi (2001), S. 32.
[358] Vgl. Barout (2003), S. 59.
[359] *Al-Hayat* vom 14.1.2001, zitiert nach George (2003), S. 45.
[360] *As-Safir* vom 19.1.2001, zitiert nach Leverett (2005).
[361] *Al-Hayat* vom 26.1.2001, zitiert nach Leverett (2005), S. 17; George (2003), S. 46; Barout (2003), S. 59. Mit einem Seitenhieb auf die marxistische Vergangenheit vieler Aktivisten der Zivilgesellschaftsbewegung, wie etwa Michel Kilo, äußerte Seif in dem Interview mit *al-Hayat*, dass seine Partei nicht der Treuhandschaft politischer Strömungen unterliegen würde, die als sie politisch aktiv gewesen seien, Demokratie, wie sie sie jetzt fordern würden, nicht praktiziert hätten
[362] Vgl. Barout (2003), S. 59.
[363] *AFP* vom 29.1.2001, zitiert nach Leverett (2005), S. 171.

applied."[364] An gleicher Stelle merkte er jedoch auch an, dass Aktivisten der Zivilgesellschaft häufig von ausländischen Regierungen bezahlt würden. Er verwies auf den Prozess gegen den ägyptischen Soziologieprofessor und Menschenrechtsaktivisten Saad Eddin Ibrahim, der unter anderem angeklagt wurde, nicht autorisierte Spenden aus dem Ausland angenommen zu haben. Eine Äußerung, die als Vorbote für die Ereignisse ab Februar 2001 betrachtet werden kann.

III.2 Rücknahme der Liberalisierung (Februar 2001 – Frühjahr 2003)

Einen Tag nach Umrans Äußerungen, am 30. Januar 2001 wurde der Schriftsteller und Gründer eines kulturellen Diskussionsforums in Lattakia, Nabil Sulayman, von unbekannten Angreifern vor seinem Haus attackiert. Zwar wurden die Angreifer nie identifiziert, viele Intellektuelle betrachteten den Vorfall jedoch als Auftakt der staatlichen Gegenoffensive gegen die Zivilgesellschaftsbewegung. Bei einem Treffen des Forums für Nationalen Dialog am 31. Januar denunzierten anwesende Baath-Mitglieder Seif als ausländischen Agenten und anti-Nationalisten.

Zwar unternahm das Regime im Jahr 2001 weitere wirtschaftliche Reformschritte. So genehmigte die Parteiführung am 6. Februar die Gründung von privaten Universitäten. Ende März autorisierte das Parlament die Betätigung privater Banken in Syrien, zuvor wurde ein Gesetz zum Bankgeheimnis erlassen. Des Weiteren unterzeichnet Syrien im April ein Abkommen mit der EU, das Syrien Unterstützung bei der wirtschaftlichen Entwicklung, der industriellen Modernisierung und Handelsliberalisierung zusagt.[365] Im Mai 2001 veranlasste Asad per Dekret (nach einer ersten Erhöhung im Dezember 2000) eine weitere Erhöhung der Löhne der zivilen und militärischen Staatsangestellten um 20 Prozent und eine Erhöhung der Renten um 15 Prozent. Ende November 2001 erfolgte die zweite große Amnestie, im Zuge derer rund 120 politische Gefangene frei gelassen werden. Die Freiheiten der Zivilgesellschaftsbewegung wurden im Laufe des Jahres jedoch zurückgenommen und die Aktivisten zunächst verbal attackiert.

In seinem ersten größeren Interview mit der arabischen Presse am 8. Februar 2001 verdeutlichte Baschar al-Asad die offizielle Position des Regimes gegenüber der Zivilgesellschaftsbewegung. Aufgrund seiner bisher neutralen Haltung waren seine harschen Worte für viele

---

[364] Ebd.

[365] "Agreement for a National Indicative Programme".

Intellektuelle schockierend. Zu den Forderungen der Intellektuellen sagte Asad im Interview mit *ash-Sharq al-Awsat*[366]:

I was the first to propose these ideas in my inaugural address. I brought them up as a political line, which I was planning to adopt and not merely lip-service slogans. Regarding those petitions, the President of a State does not have to act in his country on the basis of petitions by private people, especially when they are published outside the homeland (...). ... I said that we are not here to shatter and destroy the system, but rather our aim is to develop it.

Die Zivilgesellschaftsbewegung bezeichnete er als elitäre Gruppe, die sich fälschlicherweise für die Stimme der Mehrheit halte. In Anspielung auf die Intellektuellen äußerte er, eine Person, die die Stabilität gefährde sei,

Either (...) a foreign agent acting on behalf of an outside power, or else he is a single person acting unintentionally. But in both cases a service is being done to the country^cs enemies and consequently both are dealt with in a similar fashion, irrespective of their intentions or motives.

Weiter sagte er, dass es bereits eine Zivilgesellschaft in Syrien gebe:

As to the institutions of the civil society, that is another matter, and they do exist in Syria, if not in an ideal form. (...) Civil institutions must not precede the state institutions but, (...) on the contrary, they must follow them, assist them, lean on them and not build upon their ruins.

Auf die Frage, wie weit er bei der politischen Liberalisierung gehen würde, antworte Asad, dass es zwei Ebenen gebe: eine horizontale Ebene, die durch die Grenzen des Landes bestimmt sei. Und eine vertikale, die durch die Stabilität und Sicherheit des Landes begrenzt würde. Innerhalb dieser Grenzen sei alles möglich, auf jeden Versuch diese Grenzen zu überschreiten würde hart reagiert werden. Im Bereich der wirtschaftlichen Reformen hingegen, die das Hauptthema der gegenwärtigen Diskussion in Syrien seien, gebe es keine Grenzen. Viele Beobachter interpretieren die heftige Kritik Asads an den Intellektuellen, die er bis zu diesem Punkt zumindest passiv zu unterstützen schien, als Reaktion auf das Manifest der 1000 und die darin geäußerte direkte Kritik an der Baath-Führung und der Herrschaft seines Vaters.[367] In Bezug auf die Intellektuellen äußerte er weiter, dass es Leute gebe, die die Phase des Mandats oder der Coups, der Phase der Stabilität nach 1963 und insbesondere 1971 vorziehen würden.[368]

[366] *As-Sharq al-Awsat* vom 8.2.2001, zitiert nach George (2003), S. 49; Leverett (2005), S. 172.
[367] Vgl. Perthes (2004a), S. 102; Hinnebusch (2004), S. 6; Becker (2004), S. 10; Leverett (2005), S. 93.
[368] Vgl. *ash-Sharq al-Awsat* vom 8.2.2001, zitiert nach Zisser (2003a), S. 55.

Die Darstellung der offiziellen Position der Baath-Partei zu den Aktivitäten der Intellektuellen kam in Form eines siebenseitigen Memorandums, das am 17. Februar in der Parteizeitung *al-Munādil* („Der Kämpfer") veröffentlicht wurde.[369] Um die Forderungen der Zivilgesellschaftsbewegung zu entkräften, pries die Erklärung Baschar al-Asads Entwicklungs- und Modernisierungsprogramm. Es wurde zwar eingestanden, dass es in der Vergangenheit Versäumnisse gegeben habe (Mangel an Kompetenz und schwache Institutionen), die zu Korruption, Bestechung und Verantwortungslosigkeit geführt hätten, dass jedoch bereits ausreichende Maßnahmen dagegen ergriffen worden wären. Des Weiteren wurden die Aktivisten der Zivilgesellschaftsbewegung beschuldigt, Vorteil aus der Atmosphäre des Dialogs zu ziehen. Weiter wurden die Parteimitglieder dazu angehalten, die Argumente der Aktivisten zu entkräften und die Ziele, Prinzipien und Politik der Partei zu verteidigen. Nach dem Interview des Präsidenten folgten Stellungnahmen weiterer Regimevertreter. In der Zeitung *ash-Sharq al-Awsat* erklärte ein Funktionär, dass die Partei 17 Mitglieder der 21-Mitglieder umfassenden Regionalen Führung in die Provinzen entsenden werde, um Parteifunktionären und Bürgern die politische Situation zu erklären. Die Aktion solle die Rolle der Partei aktivieren und den Bürgern die Verdienste der NPF erklären, um der negativen Rhetorik die in den Debattierclubs erzeugt werde, entgegenzutreten.[370]

Einen Tag später tätigte Vizepräsident Abdelhalim Khaddam gegenüber Lehrpersonal der Universität Damaskus die viel zitierte Äußerung:

> There might be flaws in some institutions. We should discuss these but not blow up the existing structure, because no one has a substitute. We will not in any way allow Syria to become another Algeria of Yugoslavia. This should be clear to everybody.

Khaddam nannte die Aktivitäten der Intellektuellen, einen Versuch das Regime „zu kriminalisieren". In Anspielung auf Seifs Ambitionen eine Partei zu gründen, bemerkte Khaddam weiter:

> There are those among them with great ambitions who are striving to reach the leadership level (...). There are those who present the thesis of "social peace". These people forget that the place to present these is those countries where are sectarian, civil and other struggles. This situation does not exist in Syria where there is national unity and deeply rooted stability.[371]

---

369 Siehe hierzu George (2003), S. 78-80.

370 Vgl. *ash-Sharq al-Awsat* vom 17.2.2001, zitiert nach Leverett (2005), S. 172.

371 *As-Safir* vom 23.2.2001, zitiert nach Zisser (2003a), S. 56.

Ein Baath-Funktionär äußerte, dass die Aktivisten der Zivilgesellschaft die Antrittsrede von Präsident Asad missverstanden hätten und zudem die rote Linie überschritten hätten. „They could have played a major role if they had not tempered with the fundamental issues.“[372]
Im Zuge des Baath-Memorandums erfolgte des Weiteren eine offizielle Anordnung, die einen massiven Rückschlag für die Aktivitäten der Zivilgesellschaftsbewegung bedeutete: Laut der Anordnung müssen die Foren eine Genehmigung vom Ministerium für soziale Angelegenheiten für ihre Zusammenkünfte einholen. Es wird verlangt, dass der Organisator mindestens 15 Tage vor einem geplanten Treffen die Genehmigung beantragt und Ort und Zeitpunkt des Treffens, Diskussionsthemen und die Namen aller Redner und Teilnehmer angibt – Forderungen die kaum umsetzbar sind. Die Order hatte zur Folge, dass innerhalb weniger Wochen ein Großteil der Diskussionsforen ihre Aktivität einstellte, entweder aus Furcht vor den polizeilichen Maßnahmen oder weil ihnen die Genehmigung nicht erteilt wurde. Zwar ging die staatliche Reaktion zunächst nicht über Ankündigungen hinaus, doch das reichte, so Tayyara, „um die Atmosphäre der Angst wieder entstehen zu lassen.“[373] Riyad Seif ignorierte die Anordnung und hielt am 21. Februar eine Sitzung in seinem Haus ab. Auch das Forum Jamal al-Atasi für demokratischen Dialog hielt weiterhin öffentliche Treffen ab. Das Forum, das die NDS repräsentierte, wurde von den Behörden mit größerer Rücksicht behandelt.[374] In einem Fernseh-Interview im April 2001 äußerte Verteidigungsminister Mustafa Tlas, dass er Beweise habe, dass die Intellektuellen, die das Manifest der 1000 unterzeichnet haben, Agenten des US-amerikanischen Geheimdienstes seien, was daran abzulesen sei, dass der arabisch-israelische Konflikt in der Petition nicht erwähnt werde.[375] Im selben Monat veröffentlichten die Komitees zur Wiederbelebung der Zivilgesellschaft in Syrien ein weiteres Dokument, in dem Richtlinien für einen umfassenden Nationalen Dialog dargelegt wurden.[376] Die Auswirkungen des Dokuments blieben aufgrund der kritischen Lage der Zivilgesellschaftsbewegung gering. Genauso wie die Reaktionen auf ein Dokument, das die Muslimbruderschaft im Londoner Exil veröffentlichte und in dem sich die Bewegung zu Demokratie, politischem Pluralismus und Rechtstaatlichkeit bekannte.[377]

---

[372] *Al-Hayat* vom 21.1.2001, zitiert nach Leverett (2005), S. 173.
[373] Vgl. Tyyara (2003), S. 52.
[374] „Baschar al-Asad thought that this forum might be an organ for the whole National Democratic Gathering, and should be allowed to debate", so Sobhi Hadidi, zitiert nach George (2003), S. 51.
[375] Vgl. *Al-Quds al-Arabi* vom 12.4.2001, zitiert nach Leverett (2005), S. 173.
[376] „Towards a National Social Contract in Syria", in: George (2003), S. 189-193.
[377] *Miṯāq šaraf waṭanī li-l-ʿamal as-siyāsī, Al-Hayat* vom 4.5.2001.

Ab Sommer 2001 reagierte das Regime nicht mehr nur mit verbalen Attacken. Einige prominente Aktivisten des Damaszener Frühlings wurden kurz nacheinander verhaftet. Am 9. August 2001 wurde der Parlamentarier Ma^{c}mun al-Homsi inhaftiert, der schon zuvor der Steuerhinterziehung bezichtigt wurde – eine Anschuldigung, die häufig gegen Regimegegner vorgebracht wird. Al-Homsi hatte einen Hungerstreik begonnen, um ein Zehn-Punkte-Programm Nachdruck zu verleihen, in welchem er Reformen fordert. Am 1. September wurde Riyad al-Turk unter der Anklage verhaftet das Regime und Hafiz al-Asad diffamiert zu haben. Al-Turk hatte Hafiz al-Asad als „Diktator" bezeichnet. Zahlreiche Aktivisten der Zivilgesellschaftsbewegung protestierten gegen die Verhaftungen. Nachdem Riyad Seif am 5. September ein weiteres Treffen seines Forums für Nationalen Dialog ohne offizielle Genehmigung veranstaltete, wurde er am Folgetag von Geheimdienstmitarbeitern festgenommen. Seif hatte jedoch bereits im Sommer öffentlich einen brisanten Fall von Korruption beanstandet: Er kritisierte den Abschluss eines Vertrages zur Errichtung eines Mobilfunknetzes in Syrien zwischen der Regierung und zwei unerfahrenen Firmen (Syriatel und Syriacel). Seif vermutete, dass Mitglieder der Regimeelite hinter dem Geschäft stehen. In der Tat stellte sich heraus, dass Rami Makhlouf, der Cousin Baschar al-Asads, zu den Hauptaktionären der Mobilfunkfirmen gehört.[378] In den folgenden Tagen wurden sieben weitere prominente Aktivisten inhaftiert.[379] Die als „die Zehn des Damaszener Frühlings" bezeichneten Häftlinge waren außer al-Turk, der im November 2002 begnadigt wurde, bis Anfang des Jahres 2006 noch in Haft.[380] Lediglich die Prozesse gegen al-Homsi und Seif waren öffentlich, beide wurden 2002 zu fünf Jahren Gefängnis verurteilt; Al-Homsi wegen Beleidigung der Staatsmacht, der Behinderung dieser bei der Ausübung ihrer Pflichten und dem Versuch die Verfassung auf illegale Weise zu verändern. Letzteres wurde auch Seif zur Last gelegt sowie die Gründung einer geheimen Vereinigung und Anstachelung zu konfessionellen Unruhen. Zwar erschienen im Laufe des Jahres 2001 einige neue Pressepublikationen (siehe oben). Parallel zu diesen Maßnahmen dämpfte das Regime seinen Diskurs über politische Reformen. „Die Diskussion drehte sich jetzt vielmehr um die Reihenfolge der Reformen", so Abbas.[381] Das Regime erhob

---

[378] Vgl. Zisser (2003a), S. 49.
[379] Am 8.9.2001 wurden die Ärzte Kamal al-Labwani und Walid al-Bunni verhaftet, der Ökonom Arif Dalila, der Unternehmer Habib Saleh und der pensionierte Lehrer Hassan Sa`adoun am 9.9.2001, Seifs Anwalt Habib Issa und Fawaz Tello, beide Gründungsmitglieder der HRAS, am 12.9.2001.
[380] Am 18. Januar 2006 wurden fünf der neun Inhaftierten frei gelassen: Riyad Seif, Ma'mun Homsi, Fawaz Tello, Walid al-Bunni und Habib Issa. Vgl. http://www.shrc.org.uk/data/aspx/d9/2499.aspx, Stand 17.4.2006.
[381] Vgl. Abbas (2004), S. 85.

die Wirtschafts- und Verwaltungsreform zur Priorität:[382] Im offiziellen Diskurs wurden die Begriffe „Reform und Erneuerung“ *(al-iṣlāḥ wa-t-taǧdīd)* durch „Modernisierung und Entwicklung“ *(at-taḥdīṯ wa-t-taṭwīr)* ersetzt.[383]

Ein neues Pressegesetz vom 22. September 2001 stellte einen Rückschlag für die vermeintliche Liberalisierung der Medien dar. Zwar wird in dem Gesetz (Dekret Nr. 50/2001) das Recht zur Veröffentlichung privater Publikationen bestätigt. Doch insgesamt wurde die Zensur verschärft: So sind Artikel verboten, die Informationen offen legen, die die nationale Sicherheit und Einheit, die Sicherheit der Armee, die internationalen Beziehungen sowie die Würde und das Ansehen des Landes und die nationale Wirtschaft gefährden. Zudem wird die Publikation von falschen Tatsachen und erfundenen Berichten unter Strafe gestellt. Verstöße werden mit bis zu drei Jahren Gefängnis und Geldstrafen bis zu 20.000 US-Dollar geahndet.[384] Ende Dezember 2002 wurde der bekannte Journalist und Syrien-Korrespondent von *al-Hayat,* Ibrahim Hamidi, inhaftiert, weil er angeblich „falsche Informationen“ verbreitet habe.[385] Bereits am 8. Mai 2001 wurde Mahmud Salameh als Chefredakteur von *ath-Thawra* gekündigt. 2002 veröffentlichte die HRAS die erste Ausgabe der Zeitschrift *Tayyarāt* („Strömungen“)[386]. Themen der von prominenten Aktivisten wie Riyad al-Turk oder Burhan Ghalioun verfassten Beiträge sind etwa das Erscheinen und die Zukunft der Diskussionsforen *(„ẓāhira al-muntadayāt wa-mustaqbal al-ḥiwār ad-dīmuqrāṭī fī sūriyā“)* die Rolle der Berufsverbände *(„an-niqābiyāt al-mihnīya fī sūriyā“)* oder der Zustand der syrischen Zivilgesellschaft *(„ḥāl al-muǧtamaᶜ al-madanī fī sūriyā“).* Nach Erscheinen der ersten Ausgabe wurde jedoch Haftbefehl gegen den Vorsitzenden der HRAS, Haitham al-Maleh, und drei weitere Mitarbeiter erlassen. Bereits zuvor wurde al-Maleh, der unter anderem zusammen mit den Anwälten Anwar al-Bunni und Muhannad al-Hasani die Gefangenen des Damaszener Frühlings verteidigte, seine Mitgliedschaft in der Anwaltskammer für drei Monate entzogen.[387] Im Jahr 2002 kam es zu weiteren Verhaftungen von Menschenrechtsaktivisten, gegen die Leiter des SHRC wurden Haftbefehle ausgesprochen, so dass sich die

---

[382] Im Jahr 2002 erhöhte Asad die Löhne im Privatsektor, das Wirtschaftsministerium genehmigte den Ankauf und Wechsel fremder Währung zu nicht-kommerziellen Zwecken.

[383] Interview der Verfasserin mit Michel Kilo, 1.7.2005; Perthes (2004a), S. 98f.

[384] *AP* vom 23.9.2001, zitiert nach Leverett (2005), S. 175; ICG II. S. 8. Für eine Analyse des Gesetztes siehe Human Rights Watch, „Memorandum to the Syrian Government, Decree N° 50/2001: Human Rights Concerns“. Siehe auch die libanesische Zeitschrift *al-Muḥāwir,* Nr. 83-84 (Juni-Juli 2003) (Sondernummer über die Presse in Syrien).

[385] *AP* vom 27.12.2002, zitiert nach Leverett (2005), S. 180. Hamidi wurde am 25. Mai 2003 wieder freigelassen.

[386] *Tayyārāt. Kitāb ġair daurī yaṣdaru ᶜan ǧamᶜīya ḥuqūq al-insān fī sūriyā* (Strömungen: Nicht periodische Veröffentlichung, herausgegeben von der Menschenrechtsgesellschaft in Syrien), 1 (2002).

[387] Vgl. George (2003), S. 118.

Organisation nach London verlagerte.[388] Da viele der Diskussionszirkel ihre öffentlichen Aktivitäten einstellen mussten, und somit eines öffentlichen Forums beraubt wurden, fanden die Debatten hinter verschlossenen Türen oder im Internet statt. Michel Kilo stellte im Dezember 2001 fest: „Our movement froze but it never died; and we are determined to pursue our project.“[389]

III.3 Wiederaufleben der Debatte (ab Frühjahr 2003)

Mit dem Irakkrieg und der auch für viele Syrer überraschend schnellen Niederlage Bagdads, wurden viele Aktivisten darin bestärkt, das Regime wieder offener zu kritisieren. Riyad al-Turk äußerte sich im April 2003 optimistisch:

After Iraq the ordinary citizen expects a change, expects that things will move. The authoritarian regime in Syria died with the U.S.´s victory in Iraq. Since that time, one can sense a growing politicisation of Syrian society and a genuine desire to have a role in public life. People are much more eager to speak out.[390]

Der syrische Soziologe Jamal Barout antwortete auf die Frage nach den wichtigsten Einflüssen auf die Entwicklung der syrische Zivilgesellschaftsbewegung: "Der Sturz der (Saddam-) Statue ist eine Zäsur und ein Verweis für die Verwundbarkeit der autokratischen Systeme."[391] Die Intellektuellen nutzten die Ereignisse im Irak für ihre Forderungen, mussten aber gleichzeitig eine Verbindung mit den USA vermeiden. Aus diesem Grund argumentierten die Intellektuellen in zwei Petitionen mit der Verteidigung gegen den äußeren Feind, dem man nur durch legale Herrschaftsausübung und eine freie Gesellschaft begegnen könne:

All U.S. wars have been wars against weak, illegitimate regimes that are cut off from their people and incapable of embodying national unity against foreign threats. (...) The war against Iraq demonstrated the inability of the single party and of the security apparatus to defend national independence, sovereignty and dignity. (…) People living under oppression cannot protect and defend their country.[392]

---

[388] Vgl. Leverett (2005), S. 94.

[389] Interview mit Alan George, 4.12.2001, Damaskus, zitiert nach George (2003), S. 62.

[390] Interview mit der ICG, 22.4.2003, Damaskus, zitiert nach ICG II, S. 9.

[391] Interview mit Ulrich Vogt, zitiert nach Vogt (2004), S. 274.

[392] Vgl. *Akhbar ash-Sharq* vom 23.4.2003, zitiert nach ICG II, S. 10. Auch in anderen Ländern argumentierten politische Aktivisten ähnlich, so etwa die ägyptische Linkspartei „*Tağammu*ᶜ“, die im April 2003 ein Manifest veröffentlichte mit dem Titel „Widerstand und Demokratie – wie der amerikanischen Aggression zu begegnen ist.“ Vgl. Vogt (2004), S. 278.

Die zweite Petition, die von 287 Intellektuellen unterschrieben wurde, bezeichnet die US-amerikanische Intervention im Irak als Aggression, die Syrien zwischen zwei Feinde platziere. Die einzige Möglichkeit dieser Herausforderung zu begegnen, sei die Schaffung einer freien Gesellschaft, die Achtung der Menschenrechte und die Initiierung einer nationalen Konferenz an der alle syrischen politischen Aktivisten teilnehmen sollen.[393] Auch der Rechtsanwalt und Vorsitzende der HRAS, Haitham al-Maleh, schrieb 2003 einen offenen Brief an Baschar al-Asad[394], in dem er unter anderem die Freilassung der politischen Gefangenen *(al-ifrāğ ᶜan ğamīᶜ as-suğanaʾ as-siyāsiyīn)*, die Bildung einer Regierung der nationalen Einheit *(taškīl ḥukūma waḥda waṭanīya)* und die Einleitung des Landes in eine Übergangsphase forderte, um umfassende demokratische politische und verfassungsmäßige Reformen umzusetzen *(taqawwud al-bilād fī marḥala intiqālīya min aǧli iṣlāḥ dīmuqrāṭī).* Auch Maleh stellte die Forderungen in den Kontext der US-amerikanischen und israelischen Bedrohung und schloss seinen Brief mit dem Hinweis, dass man den Ambitionen der Amerikaner mit Reformen und einer „Verbesserung" des Landes entgegentreten müsse:

as-sayyid ar-raʾīs:
inna mā yağrī fī-l-ᶜirāq wa-filasṭīn, huwa bidāya mā yusammīhu al-amīrkiyūn ḥiqba ğadīda yurīdūna maᶜālimahā bi-l-quwwa. fa-lā budd an naquma marāmīhum bi-iṣlāḥ aḥwālinā wa taḥsīn waṭaninā, wa lā yaḫfī ᶜalā siyādatikum anna al-quwwa al-waḥīda allatī tastaṭīᶜu ᵃālika hiya aš-šaᶜb al-ḥurr: al-ğiha allatī aḫrağat min as-siyāsa wa-aš-šaʾn al-ᶜāmm, wa-lā mafarr min iᶜādatihumā ilayhā, li-talqī bi-waznihā min aǧli ḥimāya al-waṭan.[395]

Auf die Manifeste und offenen Briefe folgte keine direkte Reaktion von Seiten der Staatsmacht. Da das syrische Regime im Mai 2003 einen Aufruf des Philosophieprofessors Tayyib Tizini für eine nationale Versöhnung ausstrahlte schien es jedoch einen gewissen Grad an Toleranz zu zeigen.[396] General Bahjat Suleiman "lobte" die syrische Opposition im Mai öffentlich für ihren Patriotismus:

In Syria, the regime does not have enemies but opponents whose demands do not go beyond certain political and economic reforms such as the end of the state of emergency and of

---

[393] Vgl. *Akhbar ash-Sharq* vom 1.6.2003, zitiert nach ICG II, S. 10.
[394] Vgl. al-Māliḥ, Haitam: Risāla ilā ar-raʾīs ad-duktūr Baššār al-Asad (Brief an den Präsidenten Dr. Baschar al-Asad), Damaskus, undatiert. Siehe Anhang C, Seite 113-114.
[395] „Verehrter Präsident, das, was sich im Irak und Palästina ereignet ist der Anfang dessen, was die Amerikaner als „neue Epoche" bezeichnen, die sie gewaltsam umsetzen wollen. Ihrem Vorhaben müssen wir durch die Reform unserer Verhältnisse und der Verbesserung unseres Vaterlandes entgegentreten. Und es ist Ihnen nicht unbekannt, dass die einzige Kraft, ein freies Volk ist: dieses hat sich jedoch von der Politik und dem öffentlichen Leben (Lage) entfernt. Es ist unvermeidlich, dass sie sich wieder annähern (diese zurückkehren zu ihm), um es ins Gleichgewicht zu bringen zur Verteidigung des Heimatlandes." Anhang C, S. 114, Zeile 1-5.
[396] Vgl. ICG II, S. 10.

martial law, the adoption of a law on political parties and the equitable redistribution of national wealth.[397]

Bei einem Treffen des Atasi-Forums im November 2003, zu diesem Zeitpunkt eines der wenigen Foren, die noch aktiv waren, thematisierte der Redner Ahmad Faiz al-Fawaz die politische Reform in Syrien. In seinem Vortag sprach er dabei fünf Kritikpunkte an, die abgesehen vom letzten Punkt, denen des Präsidenten in seiner Antrittsrede ähneln: Die sozioökonomische Lage *(al-ğānib al-iqtiṣādī al-iğtimāᶜi)*, die Korruption *(al-fasād)*, den Verfall der Bildung *(tadahwar at-taᶜlīm)*, mangelhafte Arbeits(moral) und Kompetenz *(ğins al-ᶜamal wa al-maᶜrifa)*, die Verwaltung *(al-idāra)* und (den Mangel an) Freiheit *(al-ḥurrīya)*. Der Erfolg der Reform, so al-Fawaz, sei gebunden,

bi-ᶜauda as-siyāsa ilā al-mu tamaᶜ wa-ᶜauda al-muğtamaᶜ ilā as-siyāsa wa-ilā maidān al-faᶜl al-iğtimāᶜī. ammā an-nağāḥ an-nihāᵓī li-l-iṣlāḥ fa-huwa marhūn bi-qudra al-muğtamaᶜ ᶜalā as-saiṭara ᶜalā ad-daula, wa-iᶜāda banāᵓiha wa-taškīlihā ka-daula dīmuqrāṭīya.[398]

Auch al-Fawaz thematisiert zunächst ausführlich die US-amerikanische Besatzung des Iraks und merkt an, dass

ar-radd al-waḥīd, al-wāᶜī wa-l-ᶜaqlānī, min muğtamaᶜinā ᶜalā turaddī aḥwālihi, wa- ᶜalā al-iḫtilāl al-mustamirr li-šuᵓūnihi, wa-ᶜalā al-aḫṭār al-muḥdiqa bi-l-bilād, huwa al-iṣlāḥ.[399]

Um ihren Reformwillen zu demonstrieren, unternahm die Staatsführung in den Monaten nach dem Irak-Krieg einige Modernisierungsmaßnahmen: Im April 2003 wurden die Militäruniformen für Schüler und Studenten durch zivile Schuluniformen ersetzt, die militärische Trainingseinheit wurde vom Lehrplan gestrichen und einige Jugendorganisationen der Baath-Partei aufgelöst. Des Weiteren wurde im Mai 2003 zwei privaten Universitäten und vier privaten Zeitungen eine Lizenz erteilt.[400] Der Minister für Höhere Bildung zog öffentlich die Öffnung einer Dependance der American University in Betracht und forderte die USA dazu,

---

[397] Vgl. *as-Safir* vom 15. Mai 2003, zitiert nach ICG II, S. 10.

[398] „die Rückkehr der Politik in die Gesellschaft und die Rückkehr der Gesellschaft zur Politik und den Orten der gesellschaftlichen Aktivität. Was den letztendlichen Erfolg der Reform betrifft, so ist dieser gebunden an die Stärke der Gesellschaft gegenüber der Herrschaft über den Staat und die Rückkehr seiner Erbauer und seine Gestaltung nach Vorbild eines demokratischen Staates." Al-Fawāz, Aḥmad Faīz: Al-iṣlāḥ as-siyāsī fī sūriyā (Die politische Reform in Syrien), Redemanuskript eines Vortrags im „Forum Jamal al-Atasi für demokratischen Dialog", Damaskus, 7.9.2003, Anhang B, S. 112, Zeile 30-31. Bei der Lektüre des Vortrags wird die Vorsicht der Intellektuellen deutlich, aber auch die Abwesenheit eines konstruktiven Programms (siehe II.2.2.): Der Redner klagt allgemein Missstände an und fordert Reformen, nennt jedoch keine konkreten Pläne zur Umsetzung.

[399] „Die einzige vernünftige, bewusste Antwort unserer Gesellschaft auf die Verschlechterung ihrer Lage, auf die anhaltende Störung ihrer Angelegenheiten und die drohenden Gefahren im Land, ist die Reform." Anhang B, S. 109, Zeile 20.

[400] Vgl. *Middle East International* vom 16.5.2003, zitiert nach Leverett (2005), S. 184.

auf den Studentenaustausch zu intensivieren.[401] Im Mai genehmigte die Regierung des Weiteren die Betätigung von drei privaten Banken.[402] NGOs, die sich mit *soft issues* wie Umwelt und Frauenrechten beschäftigen, wurden offiziell genehmigt. Im Juni 2003 verkündete ein Parteisprecher, dass die Partei sich aus dem politischen Tagesgeschäft des Landes zurückziehen werde und fordert Genossen und Parteiinstitutionen dazu auf, sich von der täglichen Arbeit der Exekutive zu distanzieren. Eine Entscheidung, die angesichts der anstehenden Parlamentswahlen (genau wie die Auflösung der Baath-Organisationen) als Bemühung Asads gedeutet werden kann, den Einfluss der Partei zurückzudrängen.[403] Zudem erfolgten weitere wirtschaftliche Reformmaßnahmen.[404] Im Dezember schließlich kam es zum Abschluss der Verhandlungen mit der EU um ein Assoziationsabkommen; im selben Monat wurde der SALSA, der Sanktionen gegen Syrien vorsieht, durch den US-Präsidenten ratifiziert.

Entwicklungen seit 2003

Für die vorliegende Untersuchung endet die Darstellung der Reformdebatte mit dem Jahr 2003. Wie eingangs erwähnt, ist dieser Prozess in der Gegenwart nicht abgeschlossen. Die letzten zwei Jahre waren geprägt durch die Abzugsforderungen aus dem Libanon, die sich auch negativ auf die Verhandlungen mit der EU auswirkten (siehe II.3.3.). Durch den verstärkten Druck von Seiten der Staatengemeinschaft und massive anti-syrische Demonstrationen im Libanon nach dem Bombenattentat auf den ehemaligen libanesischen Premierminister Rafiq Hariri im Februar 2005, zog Syrien schließlich im April 2005 seine verbliebenen Truppen ab. Zwar stellte der Abzug eine Schwächung des syrischen Regimes dar, und es kam im Zuge der Demonstrationen in Beirut zu einer Wiederbelebung der Aktivitäten der Zivilgesellschaftsbewegung. Die Reformdebatte gewann jedoch nicht das öffentliche Momentum der ersten Phase. Im Mai 2005 („Schwarzer Mai") reagierte das Regime zudem erneut mit repressiven Maßnahmen: Einige Intellektuelle wurden verhaftet und der letzte aktive Diskus-

[401] Vgl. *ash-Sharq al-Awsat* vom 25.8.2003.
[402] Vgl. *AP* vom 25.5.2003, zitiert nach Leverett (2005), S. 184.
[403] Bei den Wahlen Ende 2003, stieg jedoch der Anteil der Baath-Mitglieder im Kabinett.
[404] So wurden im Juli Transaktionen in ausländischer Währung genehmigt, Zinssenkungen vorgenommen, per präsidiales Dekret, eine Agentur für den Kampf gegen Geldwäsche errichtet uns ein reformiertes Einkommenssteuergesetz verabschiedet.

sionszirkel, das Atasi-Forum, von den Sicherheitskräften geschlossen.[405] Abbas beschreibt im Mai 2005 die Situation dennoch wie folgt:

Die Debatte ist mehr als je zuvor lebendig. Das Problem ist, dass die Leute keine Tribüne mehr haben. Mit den kulturellen Zirkeln haben die Leute versucht, solch eine Tribüne zu schaffen. Die Zirkel waren die Orte, an denen die Leute diskutiert haben, mit lauter Stimme und offen. Als das Regime die Tribüne geschlossen hat, haben die Aktivisten andere Mittel gefunden, die vielleicht effektiver sind. Zum Beispiel Cafés und vor allem das Internet. Es gibt mehr Leute als zuvor, die an dieser Debatte teilnehmen. Man liest Artikel von Leuten, die man zuvor nicht gehört hat.[406]

III.4 Ergebnisse von Teil III

Warum reagierte die Staatsmacht ab Februar 2001 mit repressiven Maßnahmen auf die Aktivitäten der Zivilgesellschaftsbewegung? In Bezug auf diese Frage geht die Arbeit von der These aus, dass das Regime die Aktivitäten der Intellektuellen als Bedrohung für die Stabilität des Regimes wahrgenommen hat. Wie die Darstellung der Reformdebatte zeigt, sprechen die Maßnahmen und Äußerungen der Staatsführung ab Februar 2001 für die Gültigkeit dieser These. In Folge der Veröffentlichung des Manifests der 1000, das die Herrschaft der Baath-Partei offen kritisiert, und der Ankündigung einiger Aktivisten der Zivilgesellschaftsbewegung, politische Parteien zu gründen, sprachen mehrere Vertreter des Regimes von der roten Linie, die die Intellektuellen überschritten hätten. Diese würde bestimmt durch die Sicherheit, Stabilität und Einheit des Landes, die Gefahr laufe durch die Zivilgesellschaftsbewegung zerstört zu werden. Als abschreckendes Beispiel führte Vizepräsident Abdelhalim Khaddam den Sieg islamistischer Kräfte in Algerien an, Asad verwies auf die putschreiche Zeit in Syrien vor der Machtübernahme der Baath-Partei 1963.[407] Die Vertreter der Zivilgesellschaftsbewegung wurden zudem als ausländische Agenten diskreditiert. Indem Baschar al-Asad äußerte, dass es in Syrien bereits eine Zivilgesellschaft gebe und Khaddam in Bezug auf die Parteigründung von Riyad Seif sinngemäß bemerkte, dass man in einem Land, in dem

---

[405] Die Schließung erfolgte am 24.5.2005, nachdem bei einer Sitzung ein Brief der Muslimbruderschaft verlesen wurde. Einige der Teilnehmer wurden für sechs Tage in Gewahrsam genommen und äußerten, dass das Regime durch die Maßnahme zeigen wollte, dass eine Kooperation mit der Bruderschaft nach wie vor tabu sei. Beobachter äußerten auch, dass die Maßnahme Asads Position gegenüber den Konservativen beim bevorstehenden Baath-Kongress (6.-9.6.2005) stärken sollte. Vgl. St. John, Ronald Bruce: Syria´s Baath Party congress: A watershed for President Assad, http://www.fpif.org vom 2.6.2005.

[406] Interview mit der Verfasserin, 26.5.2005.

[407] Die Phase der politischen Instabilität während der blutigen Auseinandersetzungen mit den Muslimbrüdern Ende der 70er und Anfang der 80er Jahre wurde als Referenz vermieden, herrscht doch seit Asads „Korrekturbewegung" im offiziellen syrischen Diskurs unvergleichbare Stabilität.

sozialer Frieden herrsche keine Partei für sozialen Frieden brauche, versuchte das Regime, die Aktivitäten und Forderungen der Intellektuellen als unnötig abzuwerten. Asad bemerkte darüber hinaus, dass die Forderungen, die die Intellektuellen stellten, bereits von ihm in seiner Antrittsrede gestellt worden seien – das Regime wollte die Deutungshoheit in der Debatte bewahren und zudem den Eindruck vermeiden, dass es auf Forderungen der Intellektuellen „reagiere".[408] Alle Maßnahmen des Präsidenten sind im offiziellen Diskurs Taten des „großherzigen" Herrschers und keine Reaktionen auf gesellschaftlichen Druck. Das paradoxe Verhältnis der Regimeelite zur Zivilgesellschaftsbewegung wird deutlich an der Bezeichnung der Intellektuellen als „marginale Elite" zum einen und der heftigen Reaktion auf die zivilgesellschaftlichen Aktivitäten zum anderen: Trotz des zahlenmäßig geringen Umfangs der Bewegung, hielt es die Baath-Partei für nötig, Vertreter in die Provinzen zu schicken und in Artikeln und Parteiblättern gegen die Intellektuellen mobil zu machen. Zisser bemerkt diesbezüglich treffend:

The problem was apparently not necessarily with the activities of several dozen forums in which a few hundred intellectuals participated and not with the petitions signed by these intellectuals, but rather with the significance of this phenomenon for a state such as Syria, which for years had been used to an iron-fisted, oppressive regime. Thus, these forums aroused feelings of loss of control and anarchy.[409]

Auch Faiz al-Fawaz stellt fest, dass ein Teil der Regimeelite die potentiellen Gefahren, die von (politischen) Reformen ausgehen, vorausgeahnt habe – „Sinon comment comprendre toute cette panique devant des cercles culturels réduit en nombre, se réunissant dans des appartements privés?"[410] Die harte Reaktion des Regimes, so Michel Kilo, lag darin begründet, dass das Regime nicht wusste, wie es mit der Zivilgesellschaftsbewegung umgehen solle. Während es in der Vergangenheit mit politischen Parteien zu tun hatte, stand es während des Damaszener Frühlings zum ersten Mal einer Gruppe von Individuen gegenüber, einer „zivilen Opposition":

Das Regime wusste nicht, was tun mit diesen Leuten, aber das Regime wusste genau, dass solche Bewegungen die sozialistischen Regime sehr gedrängt haben und dass sie das Regime in diesem Land sehr drängen werden.[411]

---

[408] Diese richtige Aussage kann als weiterer Beleg für das vorsichtige Vorgehen eines Großteils der Zivilgesellschaftsbewegung gewertet werden, die vermeiden wollen, die Staatsmacht zu provozieren.

[409] Vgl. Zisser (2003a), S. 53.

[410] Barout (2003), S. 61.

[411] Interview der Verfasserin vom 1.7.2005. Auch Najati Tayyara (Vgl. Tayyara (2003), S. 53) und Burhan Ghalioun (Vgl. Ghalioun (2003), S. 20) äußern eine ähnliche Sicht.

Es kann also angenommen werden, dass die Regimeelite mit den Verweisen auf Algerien oder Polen nicht nur ihr Vorgehen nach außen rechtfertigen wollte, sondern auch ihre eigenen Befürchtungen vor einem Sturz des Regimes äußerte.

Warum ließ die Staatsführung während der ersten sechs Monate nach der Machtübernahme durch Baschar al-Asad relative Toleranz gegenüber der Zivilgesellschaftsbewegung walten? Während der ersten sechs Monate der Reformdebatte kam die in II.2.1. beschriebene Heterogenität der Regimeelite zum Ausdruck. Dass (konservativen) Vertretern der Regimeelite die politischen Liberalisierungsmaßnahmen Baschar al-Asads von Beginn an missfielen, wird an der Publikation kritischer Artikel in der staatlichen oder libanesischen Presse deutlich, die zu einem Zeitpunkt erschienen, als Asad die Zivilgesellschaftsbewegung noch zu protegieren schien. Aber auch an dem Umstand, dass Asad die Sicherheitskräfte zunächst davon abhielt, gegen die Intellektuellen vorzugehen. Die Dynamik, die zur Beendigung des Damaszener Frühlings führte lässt sich wie folgt beschreiben – eine Interpretation, die syrische und externe Autoren nahezu einstimmig teilen: Während Baschar al-Asad zunächst einen liberalen Kurs verfolgte und durch die konstruktive Kritik von Seiten der Intellektuellen seine Position gegen die konservativen Kräfte innerhalb der Elite stärken konnte – er selbst rief in seiner Antrittsrede hierzu auf – stellte die zunehmende Kritik aus der Gesellschaft eine Gefahr für die Legitimität seiner Herrschaft und die Stabilität des Regimes dar. Die Öffnung entwickelte eine nicht absehbare Eigendynamik. Dies veranlasste ihn dazu, sich der konservativen Strategie einer begrenzten wirtschaftlichen Öffnung anzuschließen und die politischen Liberalisierungsmaßnahmen zurückzunehmen. Baschar al-Asad selbst beabsichtigte jedoch zu keinem Zeitpunkt eine demokratische Transition. Akteurstheoretisch formuliert, begannen die Kosten der politischen Öffnung (Instabilität, Delegitimisierung durch Kritik) den Nutzen (Legitimation, Konsultation, Stärkung des Reformflügels) auch für Baschar al-Asad zu übersteigen.

Offen bleibt, ob Baschar al-Asad selbst die Aktivitäten als Gefahr wahrgenommen hat, oder ob die Hardliner ihn von dieser „überzeugten". Einige Autoren gehen davon aus, dass Asad die Bedrohung selbst wahrnahm: So äußert Perthes, dass sich Asad über die zunehmende Kritik „geärgert habe" und deshalb zu den Hardlinern überschwenkte und verweist auf die regionalen Spannungen, die ihn davon überzeugten, sich mit den konservativen Elementen zu verbünden.[412] Nach Hinnebusch und Becker habe sich Asad durch die fundamentale Kritik bedroht gefühlt.[413]

---

[412] „The president, who had initially been in favor of a more liberal approach to the civil society movement (...) apparently became increasingly annoyed by public demands for political reform." Perthes (2004a), S. 104.

[413] Vgl. Hinnebusch (2004), S. 22; Becker (2004), S. 10.

Die hier konsultierten syrischen Autoren gehen interessanterweise alle davon aus, dass Asad von den Hardlinern überstimmt wurde. Laut Jamal Barout habe die Regionale Führung die Reforminitiative des Präsidenten, der die Debatte in der Zivilgesellschaft ermutigte, „konterkariert.“[414] Die Staatsmacht habe die Debatte dabei fälschlicherweise als Absicht der Intelligentsia gedeutet, die Macht zu stürzen und nicht als Zeichen der Veränderung, „ausgelöst durch Baschar al-Asad selbst“.[415] Auch Tayyara und al-Fawaz äußern, dass es konservative Elemente in der Elite waren, die ihren Missmut über die Aktivitäten der Zivilgesellschaftsbewegung ausdrückten.[416] Ein Umstand, der sich letztlich nicht eindeutig bestimmen lässt. Das Ergebnis – die Rücknahme der Liberalisierungsschritte und somit das Ende des Damaszener Frühlings – bleibt in jedem Fall dasselbe.

[414] Vgl. Barout (2003), S. 60.
[415] Barout (2003), S. 57.
[416] Vgl. Tayyara (2003), S. 51. Hinter dieser Einschätzung der syrischen Autoren, die alle selbst in der Zivilgesellschaftsbewegung aktiv sind, könnte auch die Absicht liegen, sich nicht öffentlich als loyale „Reform-Partner“ des Präsidenten zu diskreditieren.

IV Fazit

Die vorliegende Arbeit hatte die Reformdebatte in Syrien seit der Machtübernahme durch Baschar al-Asad zum Gegenstand. Ausgelöst durch die Amtsantrittsrede des neuen Präsidenten im Juli 2000, in welcher dieser die Notwendigkeit einer wirtschaftlichen und administrativen Modernisierung betonte und konstruktive Kritik und demokratisches Denken forderte, entwickelte sich eine öffentliche Debatte über notwendige Veränderungen des syrischen Regimes. Hauptakteure der Debatte waren die Regimeelite und Vertreter der Zivilgesellschaftsbewegung. Nach einer sechsmonatigen Phase der Öffnung, die als „Damaszener Frühling" bezeichnet wurde, reagierte das Regime jedoch mit repressiven Maßnahmen auf die Entwicklungen: Neben der Schließung von Diskussionsforen kam es zu zahlreichen Verhaftungen von Intellektuellen. Die Auswirkungen der Reformdebatte blieben gering, sowohl im wirtschaftlichen als auch im politischen Bereich. Die Arbeit stellte deshalb zum einen die Fragen, warum es überhaupt zu einer Öffnung des Systems kam und weshalb diese zurückgenommen wurde. Zum anderen, warum im Rahmen der Reformdebatte wirtschaftliche und politische Reformen zögerlich umgesetzt wurden.

Zur Untersuchung dieser Fragen wurden in der Einleitung zwei Thesen entwickelt. Ausgehend von Merkmalen von Liberalisierungsprozessen in arabischen Staaten und in Verwendung eines akteurstheoretischen Ansatzes, lautete die erste These:

> Die Öffnung des autoritären Systems nach der Machtübernahme durch Baschar al-Asad war die Reaktion der Regimeelite auf eine Krise. Als die Folgen der Öffnung von der Regimeelite als Bedrohung für die Stabilität wahrgenommen wurden, reagierte diese mit repressiven Maßnahmen.

Diese These konnte durch die Untersuchung bestätigt werden. Die Öffnung des Systems folgte auf den Wechsel an der Spitze des Regimes. Ein Prozess, während dem der neue Herrscher versucht durch die Vermittlung von Kontinuität und Wandel seine Herrschaft zu legitimieren und die Entstehung eines Machtvakuums zu verhindern. Zwar profitierte Syrien seit der zweiten Hälfte des Jahres 1999 von gestiegenen Ölpreisen und bis 2003 von Öl-Importen aus dem Irak, es kann also bezüglich der Wirtschaft nicht von einer „akuten Krise" gesprochen werden. Es zeigte sich jedoch, dass sich die Staatsführung der Notwendigkeit wirtschaftlicher Reformen, angesichts der grundsätzlichen Schwäche der syrischen Wirtschaft und der Gefahren, die von dieser für die Stabilität des Regimes ausgehen, bewusst war. Die Öffnung kann im Rahmen des erforderlichen Modernisierungsprozesses folglich auch als Mittel zur Demonstration der Reformbereitschaft nach außen, zur Anwerbung von Auslandsinvestitionen, zur Abmilderung negativer Folgen für die Bevölkerung und zur Schaffung von Konsultationsmöglichkeiten, durch das Zulassen von Debatten, betrachtet werden. Ob Baschar al-Asad darüber hinaus persönlich vom Wert einer „guten Regierungsführung" überzeugt war und auch deshalb eine Öffnung des politischen Systems verfolgte, lässt sich nicht beantworten. Es wurde jedoch festgestellt, dass die persönlichen Neigungen eine untergeordnete Rolle bei der Umsetzung von Politik spielen und diese ferner zu einem beträchtlichen Maß von den Kräftekonstellationen innerhalb der Elite und von der Bereitschaft dieser abhängt, Reformen umzusetzen. Die Untersuchung der Regimeelite sowie der strukturellen Merkmale des syrischen Systems hat ergeben, dass der einflussreiche, konservative Teil der Elite vom Status Quo profitiert; eine weiter gehende Wirtschaftsreform (Privatisierungen) würde etwa der Staatsbourgeoisie, die ihren Reichtum (illegalen) Geschäften im öffentlichen Sektor verdankt, mehr schaden als nützen. Sie ist deshalb nur in eingeschränktem Maße zu Reformen bereit. Die Darstellung der Debatte im dritten Teil der Arbeit hat zudem die These bestätigt, dass die Regimeelite die Folgen der Liberalisierung – die zunehmenden Aktivitäten der Zivilgesellschaftsbewegung – als Gefahr für die Stabilität des Regimes wahrgenommen hat. Auf die direkte Kritik am Baath-Regime und die Ankündigung einiger Vertreter der Zivilgesellschaftsbewegung, politische Parteien gründen zu wollen, reagierte das Regime mit repressiven Maßnahmen. Zwar stellten die Aktionen der Intellektuellen angesichts des ungebrochenen Gewaltmonopols der Staatsmacht keine wirkliche Gefahr dar. Die Bedeutung dieser für ein Regime, in dem jegliche oppositionelle Meinung jahrzehntelang unterdrückt wurde und die Eigendynamik, die die Öffnung entwickelte, verursachten nichtsdestoweniger das Gefühl eines Kontrollverlusts. Die Hardliner in der Regimeelite kritisierten die politische Liberalisierung von Beginn an. Doch auch die reformorientierten Elemente innerhalb der Elite verfolgten eine Modernisierung von Wirtschaft und Verwaltung und keine demokratische Transition des Regimes. Ob nun die konservativen Elemente Baschar al-Asad von den Gefahren einer anhaltenden Öffnung überzeugten (bzw. ihn überstimmten), oder ob Asad selbst die Entwicklungen als Gefahr wahrnahm, lässt sich nicht mit Sicherheit sagen.

Hinsichtlich der Frage nach der zögerlichen Umsetzung von Reformen, lautete die zweite These der Arbeit:

Die Rahmenbedingungen der Debatte wirken hemmend auf die Umsetzung von politischen und wirtschaftlichen Reformen.

Diese These konnte nach der Untersuchung der Rahmenbedingungen im Kern bestätigt werden: Es stellte sich heraus, dass sowohl die systemischen Merkmale (Neopatrimonialismus, Klientelismus, Korruption, Rentierökonomie, Bürokratie) als auch die Positionen eines Großteils der Akteure der Umsetzung von Reformen im Weg standen und immer noch stehen. Die Umsetzung politischer Reformen wird lediglich von einer kleinen, einflusslosen Akteursgruppe, der Zivilgesellschaftsbewegung, prioritär verfolgt. Eine Modernisierung von Wirtschaft und Verwaltung, wie sie Baschar al-Asad und die Reformer in der Regimeelite durchführen wollen, erfährt Widerstand von großen Teilen der Regimeelite, deren ökonomische Interessen durch eine Liberalisierung gefährdet sind. Auch Teile der Privatbourgeoisie sowie Arbeiter im öffentlichen Sektor und die Bauernschaft wären potentielle „Verlierer" einer Reform. Darüber hinaus mangelt es den externen Akteuren (USA, EU) an Willen und Mitteln, mehr als nur symbolischen Druck auf das Regime auszuüben: Die USA stellen in erster Linie politische Forderungen an Syrien, die sich im Kontext eventueller Verhandlungen mit Israel, primär aber des Kampfs gegen den Terrorismus und der angespannten Lage im Nachkriegs-Irak bewegen. Zudem darf die US-Regierung Syrien als *State Sponsor of Terrorism* keine Finanzhilfen oder Expertise zukommen lassen. Die EU befasst sich im Rahmen der EMP zwar auch mit Menschenrechtsfragen, das vorrangige Ziel des „Barcelona-Prozesses" ist jedoch die Schaffung einer Freihandelszone. Da die Stabilität der EU-Partnerstaaten im Mittelmeerraum nicht gefährdet werden soll, haben sich die Unterzeichner auf eine Nichteinmischung in innere Angelegenheiten geeinigt. Es gibt zudem keine Konditionalitätsklausel bezüglich der Umsetzung politischer Reformen.

Insgesamt muss die zweite These jedoch modifiziert werden. Der Druck der USA auf das syrische Regime im Zuge des Irak-Kriegs bzw. hinsichtlich eines Rückzugs aus dem Libanon und externe Demokratisierungsinitiativen führten zu einer Wiederbelebung der Debatte. Die Zivilgesellschaftsbewegung nutzte darüber hinaus Demonstrationen gegen das Vorgehen der israelischen Armee in der Westbank im Frühjahr 2002 zur Artikulation eigener Forderungen.

Auch wenn die Auswirkungen der Reformdebatte seit der Machtübernahme durch Baschar al-Asad, insbesondere in Kontrast zu den hohen Erwartungen, gering sind, fanden in den letzten fünf Jahren doch Veränderungen statt: Privatbanken wurden genehmigt, neue Investitionsgesetze wurden verabschiedet, der Privatsektor wurde gestärkt und der öffentliche Sektor überholt. Auch im nicht-ökonomischen Bereich kam es zu Neuerungen: Baschar al-Asad führte eine neue Generation in Verwaltung und Regierung ein, genehmigte Privatuniversitäten und forcierte die Demilitarisierung der Gesellschaft. Auch zahlreiche Aktivisten der Zivilgesellschaftsbewegung äußern, dass das Klima, auch nach dem Ende des „Damaszener Frühlings" offener ist und insgesamt eine Re-Politisierung der Gesellschaft stattgefunden habe. Der Wandel berührte jedoch nicht die Strukturen des autoritären Systems. Der 10. Baath-Kongress im Juli 2005, der erste, der unter der Präsidentschaft Baschar al-Asads stattgefunden hat, bestätigte die Erwartungen vieler Intellektueller: Der Vorschlag, die Vorherrschaft der Baath-Partei durch eine Änderung von Artikel 8 der Verfassung abzuschaffen, wurde nicht umgesetzt. Das Gesetz Nr. 49 (Todesstrafe für Muslimbrüder) und der Ausnahmezustand sind nach wie vor in Kraft, für letzteren wurde lediglich eine „Lockerung" vorgesehen. Im Vorfeld des Kongresses wurde darüber hinaus das Atasi-Forum, der letzte Diskussionszirkel des „Frühlings", geschlossen und zahlreiche Teilnehmer verhaftet. Der Baath-Kongress spiegelte die Absicht der Regimeelite wider, auch in Zukunft nur begrenzten Wandel zuzulassen. Kurzfristig sind somit, zumindest im politischen Bereich, keine Reformschritte zu erwarten. In Bezug auf die Wirtschaft drängte der Kongress auf die Entwicklung Syriens hin zu einer „sozialen Marktwirtschaft". Die mittel- und langfristigen innersyrischen Entwicklungen sind von zahlreichen Variablen (sozioökonomische Lage, Kräftekonstellation innerhalb der Elite, regionale Determinanten, externer Druck) abhängig, was eine Vorhersage erschwert. Relativ eindeutig ist hingegen, dass die Ratifizierung eines Assoziationsabkommens mit der EU den Reform-Flügel innerhalb der Regimeelite stärken und die Umsetzung von ökonomischen und administrativen Reformmaßnahmen vorantreiben würde, wovon zu einem gewissen Grad auch die Zivilgesellschaftsbewegung profitieren könnte. Große Auswirkungen auf eine Liberalisierung, sowohl im politischen als auch im ökonomischen Bereich, hätte zweifelsohne ein Friedensschluss mit Israel. Diesbezüglich scheint Optimismus jedoch unangebracht.

Literaturverzeichnis

Sekundärliteratur

Abbas, Hassan: Syrien, in: Faath, Sigrid (Hg.): Politische und gesellschaftliche Debatten in Nordafrika, Nah- und Mittelost: Inhalte, Träger, Perspektiven, Hamburg: Deutsches Orient Institut, 2004, S. 127-136.

Abbas, Hassan: Syrien, in: Faath, Sigrid (Hg.): Demokratisierung durch externen Druck? Perspektiven politischen Wandels in Nordafrika/Nahost, Hamburg: Deutsches Orient Institut, 2005, S. 407-442.

Abdel Nour, Ayman: Syrian views of an Association Agreement with the European Union, *EuroMeSCo Papers* No. 14 (December 2001).

Aras, Bülent/Karaman, M. Lütfullah: Civil Society under the hegemony of the state: Notes on selected Middle Eastern countries, in: *Journal of South Asian and Middle Eastern Studies,* Vol. XXV, No. 2 (Winter 2002), S. 1-11.

Al-Atasi, Muhammad Ali: Syriens Intellektuelle und die Zivilgesellschaft, in: *Inamo,* Nr. 26 (Sommer 2001), S. 30-34.

Avi-Ran, Reuven: The Syrian involvement in Lebanon since 1975, Boulder: Westview Press, 1991.

Bank, André/Becker, Carmen: Syrien unter Bashar al-Asad: Strukturen und Herausforderungen, in: *Inamo,* Nr. 40 (Winter 2004), S. 4-9.

Barout, Mohamed Jamal: Le débat sur la société civile, in: *Confluences Méditerranée*, Un printemps syrien, 44 (Hiver 2002-2003), S. 55-62.

Beck, Martin: Syrien 2003, in: Deutsches Orient Institut/Hanspeter, Mattes (Hg.): Nahost-Jahrbuch 2003: Politik, Wirtschaft und Gesellschaft in Nordafrika und dem Nahen und Mittleren Osten, Wiesbaden: VS Verlag, 2004, S. 169-174.

Beck, Martin: Syrien 2004, in: Deutsches Orient Institut/Hanspeter, Mattes (Hg.): Nahost-Jahrbuch 2004: Politik, Wirtschaft und Gesellschaft in Nordafrika und dem Nahen und Mittleren Osten, Wiesbaden: VS Verlag, 2005, S. 166-171.

Becker, Carmen: Die syrische Zivilgesellschaft: Auf den Frühling folgt der Winter, in: *Inamo,* Nr. 40 (Winter 2004), S. 10-11.

Berg-Schlosser, Dirk/Stammen, Theo: Einführung in die Politikwissenschaft, 7. aktualisierte Auflage, München: Beck, 2003.

Bertelsmann Stiftung (Hg.): *Bertelsmann-Transformation-Index* 2003: Auf dem Weg zur marktwirtschaftlichen Demokratie, Gütersloh: Verlag Bertelsmann Stiftung, 2003.

Brumberg, Daniel: Democratization in the Arab world? The trap of liberalized autocracy, in: *Journal of Democracy*, Vol. 13, No. 4 (October 2002), S. 56-68.

Brynen, Rex/Korany, Bahgat/Noble, Paul (Ed.): Political liberalization and democratization in the Arab world, Vol. 1, theoretical perspectives, Boulder (u.a.): Rienner, 1995.

Brynen, Rex/Korany, Bahgat/Noble, Paul (Ed.): Political liberalization and democratization in the Arab world, Vol. 2, comparative experiences, Boulder (u.a.): Rienner, 1998.

Cantori, Louis J. (u.a.): Political succession in the Middle East, in: *Middle East Policy,* Vol. IX, No. 3 (September 2002), S. 105-123.

Deeb, Marius: Syria and the war on Iraq, in: Hanelt, Christian-Peter (u.a.): Regime change in Iraq: The transatlantic and regional dimensions, San Domenico di Fiesole: European University Institute, 2004, S. 143-153.

Diamond, Larry: Elections without democracy: Thinking about hybrid regimes, in: *Journal of Democracy,* Vol. 13, No. 2 (April 2002), 21-50.

Dieterich, Renate: Transformation oder Stagnation? Die jordanische Demokratisierungspolitik seit 1989, Hamburg: Deutsches Orient Institut, 1999.

Drysdale, Alasdair: Ethnicity in the Syrian officer corps: A conceptualization, in: *Civilisations*, Vol. 29 (December 1979), S. 359-373.

Editions L'Harmattan: *Confluences Méditerranée*, Un printemps syrien, 44 (Hiver 2002-2003).

Faath, Sigrid/Mattes, Hanspeter (Hg.): Wuqûf 12: Politische Opposition in Nordafrika, Hamburg: Edition Wuqûf, 1999.

Faath, Sigrid (Hg.): Konfliktpotential politischer Nachfolge in arabischen Staaten, Hamburg: Edition Wuqûf, 2000.

Faath, Sigrid (Hg.): Stabilitätsprobleme zentraler Staaten: Ägypten, Algerien, Saudi-Arabien, Iran, Pakistan und die regionalen Auswirkungen, Hamburg: Deutsches Orient Institut, 2003.

Faath, Sigrid (Hg.): Politische und gesellschaftliche Debatten in Nordafrika, Nah- und Mittelost: Inhalte, Träger, Perspektiven, Hamburg: Deutsches Orient Institut, 2004.

Faath, Sigrid (Hg.): Demokratisierung durch externen Druck? Perspektiven politischen Wandels in Nordafrika/Nahost, Hamburg: Deutsches Orient Institut, 2005.

Freitag, Ulrike: Geschichtsschreibung in Syrien 1920-1990: Zwischen Wissenschaft und Ideologie, Hamburg: Deutsches Orient Institut, 1991.

Fürtig, Henner: Syrien 2002, in: Deutsches Orient Institut/Hanspeter, Mattes (Hg.): Nahost-Jahrbuch 2002, Politik, Wirtschaft und Gesellschaft in Nordafrika und dem Nahen und Mittleren Osten, Opladen: Leske+Budrich, 2004, S. 167-172.

George, Alan: Syria: Neither bread nor freedom, London: Zed Books, 2003.

Ghadbian, Najib: The new Asad: Dynamics of continuity and change in Syria, in: *The Middle East Journal,* Vol. 55, No. 4 (Autumn 2001), S. 624-641.

Ghalioun, Burhan/Mardam-Bey, Farouk: Introduction, in: *Confluences Méditerranée*, Un printemps syrien, 44 (Hiver 2002-2003), S. 9-10.

Ghalioun, Burhan: La fin de la «révolution» baathiste, in: *Confluences Méditerranée*, Un printemps syrien, 44 (Hiver 2002-2003), S. 11-24.

Ghawi, Yasmin/Sass, Peter: The political reform debate in the Middle East and North Africa: Arabic newspapers and journals June 2004 – February 2005, Working Paper, Berlin: Stiftung Wissenschaft und Politik (SWP), 2005.

Grüning, Christian: Garantiert erfolgreich lernen: Wie Sie Ihre Lese- und Lernfähigkeit steigern, Würzburg: Grüning Hemmer Wüst Verlagsakademie, 2005.

Al-Hajj-Saleh, Yassin: L^{c}opposition syrienne, in: *Confluences Méditerranée*, Un printemps syrien, 44 (Hiver 2002-2003), S. 71-81.

Al-Hajj-Saleh, Yassin: Die Stärke des Regimes, die Schwäche der Opposition, in: *Inamo* 10, Nr. 40 (Winter 2004), S. 14-17.

Hemmer, Christoph: I told you so: Syria, Oslo and the Al-Aqsa Intifada, in: *Middle East Policy,* Vol. X, No. 3 (Fall 2003), S. 121-135.

Hanna, Abdallah: Die traditionelle und die Zivilgesellschaft, in: *Inamo*, Nr. 40 (Winter 2004), S. 18-19.

Hinnebusch, Raymond A.: Authoritarian power and state formation in Ba^{c}thist Syria: Army, party, and peasant, Boulder (u.a.): Westview Press, 1990.

Hinnebusch, Raymond A.: Calculated decompression as a substitute for democratization, in: Brynen, Rex/Korany, Bahgat/Noble, Paul (Ed.): Political liberalization and democratizaton in the Arab world, Vol. 1, theoretical perspectives, Boulder (u.a.): Rienner, 1995, S. 223-240. [1995a]

Hinnebusch, Raymond A.: State, civil society, and political change in Syria, in: Norton, Augustus R. (Ed.): Civil Society in the Middle East, Leiden/New York/Köln: Brill, 1995, S. 214-242. [1995b]

Hinnebusch, Raymond A.: Egypt, Syria and the Arab state system in the new world order, in: Haifaa A. Jawad (Ed.): The Middle East in the new world order, 2. Auflage, London (u.a.): Macmillan Press, 1997.

Hinnebusch, Raymond A.: Syria: Revolution from above, London: Routledge, 2001.

Hinnebusch, Raymond A.: Syria after the Iraq war: Between the neo-con offensive and internal reform, *DOI-Focus,* Nr. 14 (März 2004), Hamburg: Deutsches Orient Institut, 2004.

Hofheinz, Albrecht: Das Internet und sein Beitrag zum Wertewandel in arabischen Gesellschaften, in: Faath, Sigrid (Hg.): Politische und gesellschaftliche Debatten in Nordafrika, Nah- und Mittelost: Inhalte, Träger, Perspektiven, Hamburg: Deutsches Orient Institut, 2004, S. 449-476.

Ibrahim, Ferhad/Wedel, Heidi (Hg.): Probleme der Zivilgesellschaft im Vorderen Orient, Opladen: Leske+Budrich, 1995.

International Crisis Group: Syria under Bashar (I): Foreign policy challenges, *Middle East Report* No. 23 (11 February 2004), Amman: International Crisis Group, 2004. [ICG I]

International Crisis Group: Syria under Bashar (II): Domestic policy challenges, *Middle East Report* No. 24 (11 February 2004), Amman: International Crisis Group, 2004. [ICG II]

International Crisis Group: Syria after Lebanon, Lebanon after Syria, *Middle East Report,* No. 39 (12 April 2005), Amman: International Crisis Group, 2005. [ICG Lebanon]

Jacobs, Andreas/Mattes, Hanspeter (Hg.): Un-politische Partnerschaft: Eine Bilanz politischer Reformen in Nordafrika/Nahost nach zehn Jahren Barcelonaprozess, Sankt Augustin: Konrad-Adenauer-Stiftung, 2005.

Kienle, Eberhard (Ed.): Contemporary Syria: Liberalization between Cold War and Cold Peace, London: British Academy Press, 1994.

Kienle, Eberhard: Syrien: Öffnung mit timiden Maßnahmen?, in: *Orient Journal* 4 (Herbst 2003), S. 12.

Koszinowski, Thomas: Kurzbiographien: Bashshar al-Asad, in: *Orient* 41, Nr. 3 (2000), S. 363-373.

Koszinowski, Thomas: Syrien 2000, in: Deutsches Orient Institut/Thomas Koszinowski/Hanspeter Mattes (Hg.): Nahost-Jahrbuch 2000: Politik, Wirtschaft und Gesellschaft in Nordafrika und dem Nahen und Mittleren Osten, Opladen: Leske+Budrich, 2001, S. 154-161.

Koszinowski, Thomas: Syrien 2001, in: Deutsches Orient Institut/Hanspeter, Mattes (Hg.): Nahost-Jahrbuch 2001: Politik, Wirtschaft und Gesellschaft in Nordafrika und dem Nahen und Mittleren Osten, Opladen: Leske+Budrich, 2002, S. 165-170.

Langohr, Vicky: An exit from Arab autocracy, in: *Journal of Democracy,* Vol. 13, No. 3 (July 2000), S. 116-122.

Leca, Jean: Democratization in the Arab world: Uncertainty, vulnerability and legitimacy: A tentative conceptualization and some hypotheses, in: Salamé, Ghassan (Ed.): Democracy without democrats? The renewal of politics in the Muslim world, 3. Auflage, London/New York: Tauris, 1996, S. 48-83.

Leverett, Flynt: Inheriting Syria: Bashars trial by fire, Washington D.C.: Brookings Institution Press, 2005.

Lobmeyer, Hans Günter: Al-dimuqratiyya hiyya al-hall? The Syrian opposition at the end of the Asad era, in: Kienle, Eberhard (Ed.): Contemporary Syria: liberalization between Cold War and Cold Peace, London: British Academy Press, 1994, S. 81-138.

Lobmeyer, Hans Günter: Opposition und Widerstand in Syrien, Hamburg: Deutsches Orient Institut, 1995. [1995a]

Lobmeyer, Hans Günter: Syrien: Das Reich des Leviathan, in: Ibrahim, Ferhad/Wedel, Heidi (Hg.): Probleme der Zivilgesellschaft im Vorderen Orient, Opladen: Leske+Budrich, 1995, S. 75-94. [1995b]

Manna, Haytham: Histoire des Frères Musulmans en Syrie, in: *Sou^{c}al*, Nr. 5 (April 1985), S. 67-82.

Maoz, Moshe (Ed.): Modern Syria: From Ottoman rule to pivotal role in the Middle East, Brighton (u.a.): Sussex Academy Press, 1999.

Merkel, Wolfgang: Systemtransformation: Eine Einführung in die Theorie und Empirie der Transitionsforschung, Opladen: Leske+Budrich, 1999.

Middle East Watch: Syria unmasked: The suppression of human rights by the Asad regime, New Haven (u.a.): Yale University Press, 1991.

Moubayed, Sami: Steel and silk: Men and women who shaped Syria 1900-2000, Seattle: Cune Press, 2006.

Nadim, Mustafa: Vom "heißen" April in den "bewegten" Herbst, in: *Inamo*, Nr. 8 (2002), S. 44-45.

Nadim, Mustafa: Auf dem Weg ins "Lager der Guten"?: Syrien danach, in: *Inamo,* Nr. 9 (Sommer 2003), S. 34-35.

Nawar, Ibrahim: One step forward ... two steps back, in: Arab Press Freedom Watch: The State of the Arab Media 2003: The Fight for Democracy, London, 2003, S. 124-134.

Olson, Robert W.: The Ba^{c}th and Syria 1947 to 1982: The evolution of ideology, party, and state, Princeton: Kingston Press, 1982.

Pawelka, Peter: Der Vordere Orient und die internationale Politik, Stuttgart (u.a.): Kolhammer, 1993.

Perthes, Volker: Staat und Gesellschaft in Syrien 1970-1989, Hamburg: Deutsches Orient Institut, 1990.

Perthes, Volker: The political economy of Syria under Asad, London (u.a.): Tauris, 1995.

Perthes, Volker: The private sector, economic liberalization, and the prospects of democratization: the case of Syria and some other Arab countries, in: Salamé, Ghassan (Ed.): Democracy without democrats? The renewal of politics in the Muslim world, 3. Auflage, London/New York: Tauris, 1996, S. 243-269.

Perthes, Volker (Ed.): Arab elites: Negotiating the politics of change, Boulder (u.a.): Rienner, 2004. [2004a]

Perthes, Volker: Syria under Bashar al-Asad: Modernisation and the limits of change, Oxford: Oxford University Press, 2004. [2004b]

Perthes, Volker: Three years into Syria^cs presidential succession: Bashar al-Asad^cs agenda between domestic demands and regional risks, in: Hanelt, Christian-Peter: Regime change in Iraq: the transatlantic and regional dimensions, San Domenico di Fiesole: European University Institute, 2004, S. 125-141. [2004c]

Picard, Elizabeth: Infitâh économique et transition démocratique en Syrie, in: Bocco, Riccardo/Djalili, Mohammad-Reza: Moyen-Orient : Migrations, démocratisation, médiations, Paris: Presses Universitaires de France, 1994, S. 221-236.

Rabinovich, Itamar: Syria under the Ba^cth: The Army-Party symbiosis, Jerusalem: Israel U.P., 1972.

Robinson, Glenn E.: Syrian Politics: Cohesion, sucession, instability, in: *Middle East Policy,* Vol. V, No. 1 (January 1998), S. 159-179.

Said, Edward W.: Orientalism, reprinted with a new foreword, London: Penguin, 2003 (1. Auflage, London: Routledge and Kegan, 1978).

Salamé, Ghassan (Ed.): Democracy without democrats? The renewal of politics in the Muslim world, 3. Auflage, London/New York: Tauris, 1996.

Salhani, Claude: The Syrian Accountability Act. Taking the wrong road to Damascus, in: *Policy Analysis,* No. 512 (18 March 2004), S. 1-12.

Seale, Patrick: Asad of Syria: The struggle for the Middle East, 2. Auflage, London: Tauris, 1988.

Sharabi, Hisham: Neo-Patriarchy: A theory of distorted change in Arab society, New York (u.a.): Oxford University Press, 1988.

Stäheli, Martin: Die syrische Außenpolitik unter Präsident Hafez Assad: Balanceakte im globalen Umbruch, Stuttgart: Steiner, 2001.

Strindberg, Anders: Letter from Damascus: Syria under pressure, in: *Journal of Palestine Studies,* No. 4 (Summer 2004), S. 53-69.

Tayyara, Najati: Chronique d^cun printemps, in: *Confluences Méditerranée,* Un printemps syrien, 44 (Hiver 2002-2003), S. 47-53.

United Nations Development Programme (u.a.): *Arab Human Development Report 2002*: Creating opportunities for future generations: Executive summary, New York: UNDP, 2002.

United Nations Development Programme (u.a.): *Arab Human Development Report 2003*: Building a knowledge society: Executive summary New York: UNDP, 2003.

United Nations Development Programme (u.a.): *Arab Human Development Report 2004*: Towards freedom in the Arab world: Executive summary, New York: UNDP, 2004.

Van Dam, Nikolas: The struggle for power in Syria: Politics and society under Asad and the Ba^cth Party, durchgesehene und aktualisierte Ausgabe der Dissertation, Universität von Amsterdam, 1977, 3. Auflage, London (u.a.): Tauris, 1996.

Vogt, Ulrich: Antiamerikanismus in Jordanien, Libanon und Syrien, in: Faath, Sigrid (Hg.): Antiamerikanismus in Nordafrika, Nah- und Mittelost: Formen, Dimensionen und Folgen für Europa und Deutschland, Hamburg: Deutsches Orient Institut, 2003, S. 177-228.

Vogt, Ulrich: Die Demokratisierungsdebatte, in: Faath, Sigrid (Hg.): Politische und gesellschaftliche Debatten in Nordafrika, Nah- und Mittelost: Inhalte, Träger, Perspektiven, Hamburg: Deutsches Orient Institut, 2004, S. 273-294.

Wedeen, Lisa: Ambiguities after Asad, in: *ISIM Newsletter* No. 6 (2000), S. 25.

Wieland, Carsten: Syrien nach dem Irak-Krieg: Bastion gegen Islamisten oder Staat vor dem Kollaps? *Islamkundliche Untersuchungen*, Bd. 263, Berlin: Klaus Schwarz Verlag, 2004.

Wünsch, Anja: Jordanien, in: Jacobs, Andreas/Mattes, Hanspeter (Hg.): Un-politische Partnerschaft: Eine Bilanz politischer Reformen in Nordafrika/Nahost nach zehn Jahren Barcelonaprozess, Sankt Augustin: Konrad-Adenauer-Stiftung, 2005, S. 111-132.

Zisser, Eyal: Appearance and reality: Syria^cs decisionmaking structure, in: *Middle East Review of International Affairs*, No. 2 (May 1998).

Zisser, Eyal: Asads legacy: Syria in transition, London: Hurst, 2001.

Zisser, Eyal: A false spring in Damascus, in: *Orient* 44, Nr. 1 (März 2003), S. 39-61. [2003a]

Zisser, Eyal: Syria and the war in Iraq, in: *Middle East Review of International Affairs*, No. 2 (June 2003), S. 44-56. [2003b]

Zisser, Eyal: Bashar al-Asad and his regime: Between continuity and change, in: *Orient* 45, Nr. 2 (2004), S. 239-256.

Lexika und Nachschlagewerke

Ende, Werner/Steinbach, Udo: Der Islam in der Gegenwart, 5. aktualisierte und erweiterte Auflage, München: Beck, 2005.

Kropfitsch, Lorenz/Krotkoff, Georg: Langenscheidts Taschenwörterbuch Arabisch, 5. Auflage, Berlin (u.a.): Langenscheidt, 2002.
Nohlen, Dieter/Schultze, Rainer-Olaf: Lexikon der Politikwissenschaft: Theorien, Methoden, Begriffe, Bd. 1 u. 2, 2. aktualisierte und erweiterte Auflage, München: Beck, 2004.

Wehr, Hans: Arabisches Wörterbuch für die Schriftsprache der Gegenwart und Supplement, 4. unveränderte Auflage, Wiesbaden: Harrassowitz, 1977.

Dokumente

Bayān al-99 (Manifest der 99), Damaskus, 27.9.2000, in: *al-Hayat* vom 27.9.2000. [Anhang A]

Commitees for the Revival of Civil Society in Syria: Toward a national social contract in Syria (nahwa ^{c}aqd iǧtimā^{c}ī waṭanī fī sūriyā: tawaffuqāt waṭanīya ^{c}amma), abgedruckt in George, Alan: Neither bread nor freedom, London: Zed Books, 2003, S. 189-193.

Constitution of the Syrian Arab Republic, Ministry of Information, Damascus, 2002, abrufbar unter http://www.loc.gov/law/guide/syria.html.

al-Fawāz, Aḥmad Faiz: Al-iṣlāḥ as-siyāsī fī sūriyā (Die politische Reform in Syrien), Vortrag im „Forum Jamal al-Atasi für demokratischen Dialog“, Damaskus, 7.9.2003. [Anhang B]

Ǧam^{c}īya ḥuqūq al-insān fī sūriyā (Hg.): *Tayyārāt: Kitābġaīr daurī yaṣdaru ^{c}an ǧam^{c}īya ḥuqūq al-insān fī sūriyā* (Strömungen: Nicht periodische Veröffentlichung, herausgegeben von der Menschenrechtsgesellschaft in Syrien), Nr. 1 (2002).

Ḥāl al-muǧtama^{c} al-madanī fī sūriyā (Die Lage der Zivilgesellschaft in Syrien), in: ^{1}am^{c}īya ḥuqūq al-insān fī sūriyā (Hg.): *Tayyārāt: Kitābġaīr daurī yaṣdaru ^{c}an ǧam^{c}īya ḥuqūq al-insān fī sūriyā* (Strömungen: Nicht periodische Veröffentlichung, herausgegeben von der Menschenrechtsgesellschaft in Syrien), Nr. 1 (2002), S. 127.

Inaugural Address by President Bashar al-Asad, Damaskus, 17.7.2000, *SANA,* 18.7.2000. [Anhang D]

al-Māliḥ, Haiṯam: Mu^{c}akkara muqaddama min al-muḥāmī Haiṯam al-Māliḥ (Einleitende Notiz des Rechtsanwaltes Haitham al-Maleh), Damaskus, 20.2.2001.

al-Māliḥ, Haiṯam: Risāla ilā ar-ra'īs ad-duktūr Baššār al-Asad (Brief an den Präsidenten Dr. Baschar al-Asad), Damaskus, undatiert. [Anhang C]

The Statement of 1, 000 (waṯīqa al-alf) or Basic Document (al-waṯīqa al-asāsīya li-liǧān iḥyā' al-muǧtama' al-madanī fī sūriyā), undatiert, abgedruckt in George, Alan: Neither bread nor freedom, London: Zed Books, 2003, S. 182-188.

Zeitschriften

Civilisations

Confluences Méditerranée

EuroMeSCo Papers

Inamo

ISIM Newsletter

Journal of Democracy

Journal of Palestine Studies

Journal of South Asian and Middle Eastern Studies

Middle East Intelligence Bulletin [elektronische Publikation]

Middle East Policy

Middle East Review of International Affairs

Orient

Orient Journal

Das Parlament

Policy Analysis

Sou^{c}*al*

Interviewpartner

al-Fawaz, Ahmad Faiz, Arzt, Mitglied der Kommunistischen Partei Syriens, Damaskus, 2.7.2005.

Ghadry, Farid N., Vorsitzender der Reform Party of Syria, Washington D.C., Telefoninterview im Januar 2005.

Abbas, Hassan, Politikwissenschaftler, Gründer des Zirkels für kulturellen Dialog, Damaskus, 16.5., 23.5, 3.7.2005.

al-Hasani, Muhannad, Rechtsanwalt, Mitglied der HRAS, Bludan bei Damaskus, 21.5.2005.
Kheirbek, Salim, ehemaliger Präsident des Atasi-Forums, Damaskus, 2.7.2005.

Kilo, Michel, Autor, Mitgründer der Komitees zur Wiederbelebung der Zivilgesellschaft in Syrien, Damaskus, 18.6., 1.7.2005.

al-Maleh, Haitham, Rechtsanwalt, ehemaliger Vorsitzender der HRAS, Damaskus, 2.7.2005.

A Bayān al-99 (Manifest der 99), Damaskus, 27.9.2000.

دعا مثقفون سوريون السلطة إلي إلغاء حال الطوارئ والأحكام العرفية المطبقة في سورية منذ العام 1963، وإلي اصدار عفو عام عن جميع المعتقلين السياسيين ومعتقلي الرأي والضمير والملاحقين لأسباب سياسية والسماح بعودة المشردين والمنفيين السياسيين جميعاً . وحضوا علي ارساء دولة القانون واطلاق الحريات العامة والاعتراف بالتعددية السياسية والفكرية وحرية الاجتماع والصحافة والتعبير عن الرأي وتحرير الحياة العامة من القوانين والقيود وأشكال الرقابة المفروضة عليها، بما يسمح للمواطنين بالتعبير عن مصالحهم المختلفة في إطار توافق اجتماعي وتنافسي سلمي وبناء مؤسساتي يتيح للجميع المشاركة في تطوير البلاد وازدهارها .

جاء ذلك في بيان وقعه 99 مثقفاً يقيمون في سورية أو ممن يقيمون في الخارج ويزورون سورية باستمرار. ومن أبرزهم ادونيس وعبدالرحمن منيف وصادق جلال العظم وممدوح عدوان وانطوان مقدسي وعمر اميرالاي وحيدر حيدر.

وقال البيان: تدخل سورية اليوم القرن الحادي والعشرين وهي في أمس الحاجة لأن تتضافر جهود ابنائها جميعاً في مواجهة تحديات السلام والتحديث والانفتاح علي العالم الخارجي . وأضاف: ان أي اصلاح، سواء كان اقتصادياً أو إدارياً أو قانونياً ، لن يحقق الطمأنينة والاستقرار في البلاد، ما لم يواكبه، بشكل كامل وجنباً إلي جنب، الاصلاح السياسي المنشود. فهو الوحيد القادر علي ايصال مجتمعنا شيئاً فشيئاً إلي بر الامان .

وهنا اسماء الموقعين علي البيان: عبدالهادي عباس (محام وكاتب)، عبدالمعين الملوحي (عضو مجمع اللغة العربية)، انطون المقدسي (كاتب ومفكر) برهان غليون (كاتب ومفكر)، صادق جلال العظم (كاتب ومفكر)، ميشيل كيلو (كاتب)، طيب تيزيني (كاتب ومفكر)، عبدالرحمن منيف (روائي)، ادونيس (شاعر)، برهان بخاري (باحث)، حنا عبود (كاتب)، عمر أميرالاي (سينمائي)، خالد تاجا (ممثل)، بسام كوسا (ممثل)، نائلة الأطرش (مسرحية)، عبدالله حنا (باحث ومؤرخ)، سمير سعيفان (اقتصادي)، فيصل دراج (باحث)، حيدر حيدر (روائي)، نزيه أبو عفش (شاعر)، حسن م. يوسف (صحافي وقاص)، أسامة محمد (سينمائي)، نبيل سليمان (روائي وناقد)، عبدالرزاق عيد (باحث وناقد)، جاد الكريم جباعي (كاتب وباحث)، عبداللطيف عبدالحميد (سينمائي)، سمير ذكري (سينمائي)، أحمد معلا (فنان تشكيلي)، فارس الحلو (ممثل)، إحسان عباس (باحث)، حنان قصاب حسن (استاذة جامعية)، ممدوح عزام (روائي)، عادل محمود (شاعر)، حازم العظمة (طبيب وأستاذ جامعي)، برهان زريق (محام) محمد رعدون (محام)، ياسر صاري (محام)، يوسف سلمان (مترجم)، هند ميداني (سينمائية)، منذر مصري (شاعر وتشكيلي)، أحمد معيطة (استاذ جامعي)، وفيق سليطين (أستاذ جامعي)، مجاب الإمام (أستاذ جامعي)، منذر حلوم (أستاذ جامعي)، مالك سليمان (أستاذ جامعي)، سراب جمال الاتاسي (باحثة)، توفيق هارون (محام)، عصام سليمان (طبيب)، جوزيف لحام (محام)، عطية مسوح (باحث)، رضوان قضماني (أستاذ جامعي)، نزار صابور (فنان تشكيلي)، شعيب طليمات (أستاذ جامعي)، حسن سامي يوسف (سينمائي وكاتب)، واحة الراهب (سينمائية وممثلة)، حميد مرعي (مستشار اقتصادي)، رفعت السيوفي (مهندس)، موفق نيربية (كاتب)، سهيل شباط (استاذ جامعي)، جمال شحيد (أستاذ جامعي)، عمر كوش (كاتب)، ريمون بطرس (سينمائي)، انطوانيت عازرية (سينمائية)، نجيب نصير (ناقد وكاتب)، مي سكاف (ممثلة)، نضال الدبس (سينمائي)، فرح جوخدار (معمارية)، أكرم قطريب (شاعر)، لقمان ديركي (شاعر)، حكمت شطا (معماري)، محمد نجاتي طيارة (باحث)، نجم الدين السمان (قاص)، علي الصالح (باحث اقتصادي)، صباح الحلاق (باحثة)، نوال اليازجي (باحثة)، محمد قارصلي (سينمائي)، سوسن زكزك (باحثة)، شوقي بغدادي (شاعر)، بشار زرقان (موسيقي)، فايز سارة (صحافي)، محمد الفهد (صحافي وشاعر)، محمد بري لعواني (مسرحي)، نجاة عامودي (مربية)، عادل زكار (طبيب وشاعر)، مصطفي خضر (شاعر)، محمد سيد رصاص (كاتب)، قاسم عزاوي (شاعر)، محمد حمدان (كاتب)، نبيل اليافي (باحث)، تميم منعم (محام)، إبراهيم حكيم (محام)، أنور البني (محام)، خليل معتوق (محام)، علي الجندي (شاعر)، علي كنعان (شاعر)، محمد كامل الخطيب (باحث)، محمد ملص (سينمائي)، محمد علي الاتاسي (صحافي).

1 von 1 12.04.2006 14:19

B al-Fawāz, Aḥmad Faiz: Al-iṣlāḥ as-siyāsī fī sūriyā (Die politische Reform in Syrien), Vortrag im „Forum Jamal al-Atasi für demokratischen Dialog", Damaskus, 7.9.2003.

الإصلاح السياسي في سورية

في البداية ينبغي ارجاء الشكر لعائلة الدكتور جمال الأتاسي لاستضافتها هذا المنتدى استضافة تحولت من مؤقتة إلى دائمة، يعجز عنها أكثرنا، إن لم يكن كلّنا، بينما يفترض أن يكون له مكان في الصالات العامة، التي تملكها الدولة أو المنظمات وتمولها جيوب المواطنين،أو على الأقل في الصالات الخاصة المأجورة، لولا خوف أصحابها مما سيتعرضون له من مضايقات، وربما قطع للرزق.

في هذا المكان، وفي هذا الشهر نستعيد الذكرى السنوية الثانية لاعتقال الإخوة حبيب عيسى،عارف دليلة، رياض سيف، فواز تللو، كمال اللبواني، وليد البني، مأمون الحمصي، حسن سعدون، وحبيب الصالح. نحييهم ونشد على أياديهم ونطالب بالإفراج عنهم. فليس من مبرر لبقائهم في السجن.

يودّي الدخول مباشرة في الموضوع، لكن الأمر لن يستقيم بدون التعرض للوضع المحيط بنا، والذي تغير بشكل جذري، من خلال الاحتلال الأمريكي للعراق الشقيق. لم تكن العلاقة بين ما هو إقليمي، وما هو داخلي، على هذه الدرجة من الحرج مثلما هي عليه اليوم. الوضع الإقليمي يضغط علينا، بدرجة غير مسبوقة، بالكمّاشة الأمريكية الإسرائيلية الناجمة عن تحول الولايات المتحدة إلى قوة إقليمية وجار مباشر. عودة الاحتلال الأجنبي إلى المنطقة تبدو وكأنها إعادة لها إلى نهاية الحرب العالمية الأولى واحتلال سورية الطبيعية والعراق من إنكلترا وفرنسا وتقاسم البلدين بينهما، وبدء التنفيذ المنهجي لوعد بلفور بتأسيس الوطن القومي اليهودي في فلسطين.

لكن هذه الدورة للتاريخ ليست عودة إلى وراء على المستوى نفسه، بل على مستوى جديد أخطر بكثير من سابقه. فاعلية الكمّاشة المشار إليها لا تأتي من قوة إسرائيل وأمريكا وحسب، بل أيضاً وأساساً من تهافت الوضع العربي، ومن عجزه المكشوف عن إظهار وزن يحوز على اعتبار دولي أو إقليمي بخصوص القضية الفلسطينية أو العراق، أو في حدّ أدنى، العجز عن مدّ يدّ المساعدة لشعب فلسطين، الذي يقاتل وحده دفاعاً عن نفسه وعن الآخرين، بينما يقوم الإسرائيليون بعملية تفكيك له، من خلال جدار العزل، وبالاجتياح المتكرر والاغتيالات والضغط المحموم لإثارة حرب بين الفلسطينيين، وكذلك العجز عن مساعدة العراق، حيث قوات الاحتلال تقوم بدورها في العمل على انتشار الفوضى والعنف والجريمة، أي على تفكيك هذا البلد وتغذية الصراعات وإثارة حرب أخوة بين مكوناته، (بين الشيعة والسنة، والعرب والأكراد، والأكراد والتركمان).

هذا الوضع مفتوح على المجهول. وهو يتطلب قبل أي شيء آخر، قدرة على المواجهة، بالأحرى إرادة الدفاع عن النفس. رب قائل في سرّه : لقد فات الوقت. لكن الأمر ليس أمر معركة واحدة انتهت، أو بلد واحد جرى احتلاله، على أهمية البلد ودوره. الاندفاع الأمريكي مرتبط باستراتيجية كونية مُعدة من زمان طويل، بدأ تطبيقها بعد أحداث الحادي عشر من أيلول، ميدانها الأساسي منطقة الشرق الأوسط. بكلام آخر، نحن لا نزال في البدايات، وقد يكون الآتي أعظم، إن لم نعدّ ما نستطيع من قوة. من هذه النقطة أتناول الإصلاح السياسي، وأقصد به الإصلاح الوطني، تجنباً لفهم كلمة السياسي بمعناها الضيق.

الرد الوحيد، الواعي والعقلاني، من مجتمعنا على تردي أحواله، وعلى الاحتلال المستمر لشؤونه،وعلى الأخطار المحدقة بالبلاد، هو الإصلاح. لا يوجد رد ناجع آخر. وبغض النظر عن الجوانب المختلفة لهذا الاحتلال، فالواقع أننا محاصرون من جهة ،ومن جهة أخرى نحن متخلفون عن عصرنا وعن عالمنا، تفصلنا عن متقدميه هوة تتسع باستمرار، لم نقم بما ينبغي لتضييقها. ليس التخلف خياراً، أو تعبيراً عن "حرّية"، وإنما هو كارثة تنمو، لا نملك "ترف" الاستمرار فيها والتعايش معها. من جهة ثالثة، أوضاعنا ليست بخير. ولأشر لبعض جوانب الخلل:

أولاً : الجانب الاقتصادي ـ الاجتماعي. يقول الاقتصادي نبيل سكر إن " المطلوب بداية الإقرار بأننا في أزمة، وليس في مجرد مشكلة. والأزمة تتمثل في تدني معدلات النمو وتزايد البطالة وتآكل الاحتياطي النفطي وتدني القدرة على المنافسة في اقتصاد مفتوح ".

الناتج المحلي السوري بحدود /١٦/ مليار دولار لسكان يزيد عددهم على/١٦/ مليون، أي بحدود ألف دولار للفرد، وهو يراوح في مكانه منذ سنوات ، بينما هو في لبنان أربعة آلاف، وفي الأردن /١٧٠٠/، وفي مصر /١٥٠٠/، وفي إسرائيل /١٧/ ألف دولار. نمو الفقر هو، أولاً، نتيجة انخفاض هذا الناتج، إذ يقدر أن ٦٠ % من السكان يعيشون تحت خط الفقر. نستطيع حدس ذلك ،بدون إحصائيات وعلم اقتصاد، من مستوى الرواتب والأجور. الفقر أيضاً هو نتيجة لطريقة توزيع هذا الناتج. عندما تستطيع قوى معينة نهب الفائض الاجتماعي، بدون مراعاة ضرورات توسيع الإنتاج، لتنفق مما نهبته، على بذخها، وتهرّب قسماً آخر إلى الخارج (تبلغ أموال السوريين في الخارج حسب تصريح قديم لوزير الاقتصاد ٨٠–١٢٠مليار دولار،لابد أنها زادت)، أي تخرج هذا الفائض من دورة الإنتاج ، وتحول دون نموّه. لم تعرف سورية تمايزاً بين الغنى والفقر كالذي هي فيه الآن، ولم تعرف غنى لأغنيائها، وبذخاً لهم، كالذي تعاين مظاهره الآن. هذا الغنى لم ينتج عن نمو الإنتاج ، ولا يقوم على أساس الموقع في الإنتاج، كما هو الحال في المجتمعات الرأسمالية المتطورة، بل(كما في الدول الريعية الأخرى) باستغلال النفوذ، والعلاقات بالمواقع السلطوية، ومدى القرب من مراكز القرار، ومدى القدرة على تجاوز القانون. والفقر، ثالثاً، هو نتيجة تبديد الموارد الاجتماعية وغياب سياسة تطوير الإنتاج الوطني. بذلك تنمو البطالة التي يقدرها البعض بـ ٢٥% من قوة العمل، إضافة إلى /٣٠٠/ ألف باحث جديد عن العمل يبرزون سنوياً. ولا ننسى البطالة المقنّعة التي لا نعرف تقديراً لها.

1

ثانياً : الفساد، الذي لم يعد من فائدة للتحديث عن مدى اتساعه، ولا عن خطره والأذى الذي يلحقه بالجميع. لقد تعودنا عليه فأصبح لا يثير فينا إلاّ انفعالاً بسيطاً. ربما لأن الناس قد فقدت الأمل، أو لأنها لا ترى منه إلاّ القليل، فهو مثل جبل الجليد، لا يبرز منه على سطح البحر إلاّ الجزء الأصغر، بينما الكتلة الكبرى غائصة في الماء. أصبح الفساد ميدان نشاط واسع، وحرفة حقيقية، وإن غير مسجلة رسمياً، لا تحصّل منها وزارة المالية ضريبة دخل، نوعاً من " الخدمة "، له اقتصاده (إنتاج وتوزيع واستهلاك). مراكز إنتاجه في الدوائر القادرة على تجاهل القانون أو إلغائه أو التحايل عليه، تبعاً لتدرج قوة وقدرة هذه الدوائر. استهلاكه من أصحاب الحاجة، أي من المجتمع مباشرة، وتوزيعه(تجار جملة ونصف جملة ومفرق) يجري بصورة علنية أو شبه علنية، تبعاً لسطوة الموزع . والسؤال هو إلى أي حدّ يستطيع المجتمع أن يتعايش والفساد، وإلى أي زمنٍ يستطيع الجسم الاجتماعي تحمّل فتك جرثومته ؟ وهل من أمل في مكافحته،بعد كل هذه التجارب الفاشلة ؟ في مقالة عن الفساد في لبنان يقول أحد كتاب جريدة "النهار"، إن شطف الدرج يبدأ من فوق لتحت، وليس العكس.

ثالثاً : تدهور التعليم في جميع مراحله، من الجامعي إلى الثانوي والإعدادي حتّى الابتدائي. واضح الآن العجز المترقي لمؤسسات التعليم عن القيام بواجبها. أصبح التعليم مشكلة كل البيوت تقريباً. (ربما علينا أن نستثني أولئك الذين يعلمون أولادهم في المدارس التلاثين الخاصة الجديدة ،والتي افتتحت لتخفيف" الضغط" عن المدارس الرسمية، كما قيل.) لا جدال في أن لهذا القصور جانب مادي يتعلق بضعف التوظيف المالي وسوء التوزيع والهدر. (رواتب المعلمين والأساتذة لا تكفي لتوفير حياة كريمة لهم). لكن هناك جانب آخر غير مادي، هو الأصل، له علاقة بالطريقة التي تدار بها أمور التعليم، وترسم بها مناهجه، وهي الطريقة ذاتها التي تدار بها الأمور في شؤون المجتمع الأخرى. فليس العجز والفشل والخراب في قطاع التعليم، إلا جزءاً مما هو موجود في قطاعات أخرى، وقد يكون الحال في بعض منها أسوأ مما هو في التعليم بكثير.

رابعاً: أتوقف قليلاً عند ظاهرة قديمة ومستمرة، تحدث عنها إلياس مرقص، وهي تخص العمل والمعرفة. في النظام الرأسمالي " الصافي "، أو المتطور، يعرفون قيمة العمل، ويدفعون مقابله، قيمة قوة العمل، أجراً، وهو كمّية متغيرة، تخضع للزمن وللصراع الاجتماعي والعرض والطلب. يعرفون أيضاً ويقدرون قيمة المعرفة والعلم وتحوله الى قوة إنتاج، ربما أكبر قوة إنتاج، ويستفيدون منهما، ويدفعون بالمقابل أجراً مناسباً. عندنا يجري الأمر عكس ذلك تماماً. فنحن بلد نابذ أو طارد للعمل الموصوف، وللعلم. (لا أتحدث عن العمل غير الموصوف، وعن الآلاف المؤلفة التي تبحث عن العمل في لبنان وفي غير لبنان). الأجيال الجديدة المتعلمة لا تجد مكاناً تمارس فيه العمل وتكتسب الخبرة وتتابع التعلم. لو كان لدينا نقابات مهنية مستقلة، تمارس دورها الحقيقي، وتعطي جزءاً من وقتها لهذا الشأن، لتعرفت وعرّفت على حجم البطالة عند الخريجين الجدد وعلى حجم البطالة المقنعة بين صفوف منتسبيها. لا يوجد عمل لآلاف المهندسين والأطباء البشريين والصيادلة وأطباء الأسنان والمهندسين الزراعيين وغيرهم. هؤلاء الآلاف،الذين يزدادون سنوياً، لا يجدون سوى طريق الهجرة الضيّق، الذي لا يتمكن من سلوكه إلاّ القلّة، مخرجاً من الإحباط وضيق آفاق المستقبل.

خامساً: الإدارة. هل نجانب الحقيقة إذا قلنا إن بيروقراطيتنا، عدا عن التخلف والجهل وتدني الإنتاجية، تمتاز بالقدرة على هدر وقت العمل الاجتماعي، وهدر وتبذير المال العام ؟ إضافة لذلك، فقد أصبحت مكلفة. بتهميش المجتمع وإلغاء أو إخضاع مؤسساته ، وتعليق القانون، اجتمع لها من القوة ما يجعلها تقتطع لنفسها حصة متزايدة من الدخل الوطني مقابل جهد قليل تبذله. أما عن المعرفة والتقيّد بالقانون، فقبل خمسين وستين سنة، كان الشرطي لا يحمل شهادة الدراسة الابتدائية، لكنّه يفهم بالقانون ويخضع له. الآن، حدّث ولا حرج عن الجهل بالقانون، بينما خرقه ممارسة يومية وموضع افتخار ممن يفترض هم التقيد به. فعلاً، نحن بحاجة ماسة لإصلاح إداري عميق وشامل. لكن إذا فسد الملح، بماذا نملّح ؟ السؤال : إذا كنا نحتاج للإستعانة بخبراء أجانب لإصلاح قمة الإدارة، فما هو الحقل الاجتماعي الذي ليس بحاجة للإصلاح؟ وهل يتعين علينا أن نستعين كذلك بخبراء أجانب ؟ ألم تكن الإدارة هي المسؤولة عن كل هذا الخراب ؟ وهل تنصلح إدارة فاسدة، رعت نشر الفساد، حتى يبدأ الإصلاح في الشؤون الأخرى ؟

سادساً: الحرية. والحديث عنها ذو شجون. ف "غاية ما يرنو إليه عامة البشر هو انبثاق عالم يتمتع فيه الفرد بحرية القول والعقيدة ،ويتحرر من الفزع والفاقة"، كما تقول مقدمة الإعلان العالمي لحقوق الإنسان. عند تناول موضوع الحرية ، الوضوح مطلوب والصراحة مرغوبة. البلاد محرومة من الحريات التي نصّ عليها الدستور الدائم، ووثيقة حقوق الإنسان التي التزمت بها السلطات. نظامنا السياسي نظّم المجتمع بطريقة تضع الشعب في موضع القصور الدائم، وموقع الحاجة إلى الوصاية الدائمة، وألغى السياسة وأبعد المجتمع عن ممارستها، وجعلها حكراً لحلقة ضيقة في قمة الهرم السلطوي، وألغى بالتالي الحريات، وفرض الأحكام العرفية.

لا أريد التوقف عند الماضي لكي لا أنكأ الجراح التي لم تندمل ، لأنها لم تعالج. لكن لا بد من الإشارة إلى العقابيل والنتائج المرة التي نجمت عن الانتهاكات الفظيعة لحق الحياة وحق الحرية في الثمانينيات من القرن المنصرم، وخصوصاً مابين مجزرة تدمر وأحداث حماة. فهذه النتائج التي تشمل عشرات الألوف من الناس، لا تزال تثير الاضطراب في حياتهم وفي الوسط الذي يعيشون فيه، وفي البلاد كلها. ليس من الحكمة ولا من العدل استمرار الحال على ما هو عليه. لا مندوحة من حل يرتكز على مبادئ الحق والإنسانية والوطنية، عناصره:

- إطلاق سراح السجناء السياسيين. فبينهم من قضى أكثر من ربع قرن مابين تدمر والمزة وصيدنايا (نذكر عماد شيحا، فارس مراد،عبد العزيز الخير، صلاح حلاوة وتيسير لطفي).
- الانتهاء من مسألة "المفقودين"، وحل الإشكالات الحقوقية وغير الحقوقية التي نشأت بالارتباط بها.
- السماح للمبعدين والمبتعدين سياسياً بالعودة إلى الوطن لأن الوطن للجميع.

- إلغاء القوانين المخالفة للدستور كالقانون ٤٩ المتعلق بالإخوان المسلمين.

- التعويض عن المظالم التي لحقت بالأحياء والأموات.

بذلك تساعد السلطة على اندمال الجراح، بشكل سليم، وتنشر الانفراج وتؤسس للمصالحة الوطنية.

لا يتأسس الإصلاح إلا على نقد الواقع، أي على تقويمه، وإعادة تقويم منطلقاته ومساره. بدون ذلك يستحيل التصحيح. عندما تتمكن القوى المحافظة من الإمساك بمقاليد السلطة، ترفض النقد وتحارب أصحابه، ليس احتراماً للأموات، وصيانة للماضي، بل لأن النقد يتناول الحاضر أولاً وأساساً، ويريد التعرف على أسباب الخلل فيه، ويطاول البنى القائمة بعد ذلك، أي يطاول الأحياء قبل الأموات، ومصالح الأحياء التي تكوّنت في هذه البنى، والتي تتستر بالأموات لإخفاء طبيعتها كمصالح ضيقة.

يهدف الإصلاح لتحسين قدرة المجتمع على التلاؤم مع زمن عالمي متغير بسرعة، ويعمل على مقاومة الانزياح إلى الهامش والبقاء كموضوع لفعل الآخرين، أو كما يقال يقاوم " الخروج من التاريخ ". لكنه، أولاً، تجاوب مع المتطلبات الحقيقية للبشر في أن يعيشوا في وطنهم بحرية وكرامة، إذ ما قيمة أي إصلاح لا يهدف لضمان الحرية وتأمين الكرامة ؟ يتطلب الإصلاح معرفة الواقع الوطني، وواقع العالم، والتطورات الجارية فيه، والفرق بين الواقعين، لتقدير ما يمكن تحقيقه في فسحة زمنية محددة. على أن أول شرط له هو إرادة السلطة وعزمها. وهو شرط لازم، غير كاف، لأنه بحاجة لتوافق اجتماعي حول الأهداف والوسائل، ولفعل اجتماعي لتحويل الأهداف إلى أعمال، لأن الإصلاح إذا افتقد القاعدة الاجتماعية سهل تصفيته. استطاع الإصلاح الياباني في ستينيات القرن التاسع عشر أن يضع اليابان على طريق التقدم وهو الطريق الذي حوّل اليابان إلى بلد متطور وإلى قوة عالمية، ولنشر إلى أن الإصلاح الياباني كان متأخراً بأكثر من أربعة عقود عن إصلاح محمد علي في مصر والذي انتهى إلى التصفية، ليس بسبب معاداة الدول الغربية له وحسب، بل أولاً لضيق قاعدته الاجتماعية. أي لأنه لم يستطع أن يطلق تحولات بنيوية عميقة ويرتبط بقوى اجتماعية واسعة، مما سهّل إلهاؤه دون أن تعقبه حركة للمجتمع تعاود السير على طريقه.

أين وصلت قضية الإصلاح؟ أعتقد أن الجدال الذي دار خلال السنوات الثلاث الماضية، قد بلور وأكد على فكرة الإصلاح العام والشامل، ودفعها الى أمام ،ودعم مواقع أصحابها. لا يقلل من هذه الحقيقة استمرار الجدال حول أنواع الإصلاح وحول الأولويات. هذه السنوات الثلاث كشفت بوضوح العجز، عن القيام بالإصلاح، اعتماداً على أنه أمر " تقني "، يخصّ السلطة وحدها، ينبغي أن يبقى المجتمع بعيداً عنه، وانطلاقاً من تصور يقوم على الوحدة بين الاستمرار والاستقرار. مع أن المبدأين لا يجتمعان، لأنهما مثل الماء والنار. فالاستمرار يعني المحافظة، وهو مفتوح على نمو الأزمة والفشل في مواجهة المشاكل وبالتالي مفتوح على الفوضى والخراب. بينما يتطلب الاستقرارُ التغييرَ. والتغيير يخلّ بتوازنات القوى، وبالتالي بالمصالح المرتبطة بها.

تفرض الضرورة التقدم خطوة الى الأمام والتمهيد للإصلاح بإلغاء حالة الطوارئ. ينبغي التمييز بين حالة الطوارئ وقانون الطوارئ. كل الدول لديها قانون طوارئ. لكن لا أظن أنه توجد دولة تسود فيها حالة الطوارئ ٤٠سنة متواصلة دون حرب فعلية في الخارج أو في الداخل . حالة الطوارئ مخالفة لقانون الطوارئ، الذي استندت إليه عند إعلانها. وهي،على كل حال، تجاهل للدستور الدائم وتعليق للقانون.

الخطوة الرئيسية في مسار الإصلاح، تتعلق بالسلطة ، أعني تبني الدعوة لمؤتمر وطني للإصلاح ينعقد برئاستها وإشرافها، تشترك فيه قوى العمل والإنتاج والثقافة والسياسة والإدارة، أي القوى المعبرة عن المعرفة والحكمة والخبرة والمراس في البلاد، للتداول في شؤونها،والبحث عن حلول ناجعة لمشاكلها،والتخطيط لمستقبلها، مؤتمر يجري فيه توافق على الإصلاح السياسي بما هو تجديد للحياة السياسية، وعلى الصيغ الدستورية والقانونية المطلوبة، بما يضمن الاعتبار الكامل للدستور والسيادة للقانون، وفصل السلطات وتحديد العلاقات فيما بينها. والإصلاح الاقتصادي، ليس كمعالجة للأزمة الاقتصادية من حيث هي أزمة بنيوية وحسب، بل أولاً كإعادة بناء عامة وشاملة للاقتصاد الوطني، وإزالة القيود عن القوى المنتجة، وتحديد دور قطاع الدولة والقطاع الخاص، وتحجيم النشاط الطفيلي، وتحقيق العدالة الضريبية، وضمان حقوق الشعب الشغيل؛ وتشجيع العلاقات البينية العربية وخصوصاً مع الدول المجاورة،ورسم سياسة للتعامل مع العولمة. ووضع برنامج لمكافحة الفساد، وأسس لإصلاح القضاء والتعليم والإدارة.

لا أحد يتصور أن المؤتمر الوطني المنشود سيكون سلطة في البلاد، أو أن يحلّ محل أية سلطة تنفيذية أو تشريعية، وليس ميداناً لاقتناص الفرص والمكاسب. إنه لقاء للتداول والحوار وتبادل الأفكار والاتفاق حول الحاضر وصعوباته ووسائل وكيفيات العلاج، ولاستكشاف الطرق نحو المستقبل. ولأنه، أيضاً، ليس بديلاً عن المجتمع ، ينبغي ألا تكون مداولاته محجوبة عن الرأي العام. مؤتمر من هذا النوع سيؤسس في الوقت نفسه لأمرين آخرين ضروريين هما المصالحة الوطنية والتسوية التاريخية بين التيارات السياسية والفكرية في البلاد .

المصالحة الوطنية ليست "بوس شوارب" بين المتخاصمين، بل هي حلّ للإشكالات وتسوية للخلافات وإزالة للعقابيل التي ما انفكت تجرجر نفسها منذ عقود وتساهم في تسميم الحياة السياسية والاجتماعية، وتغذية الهواجس في المجتمع وبين الأطراف. وليست التسوية التاريخية إلا إعلاناً بان لا أحد قادر على إلغاء الآخرين، وميثاقاً بأن لم يعد من أحد راغباً في ذلك، وأن التيارات والأطراف السياسية هي جزء من المجتمع لا يحق لها أن تغتصب حقّ المجتمع في تقرير مصيره بنفسه، وأن الرشد

يفرض عليها إعادة اكتشاف الجوامع المشتركة، واستكشاف الطرق التي يمكن للمجتمع والبلاد سلوكها سنوات طويلة. بهذا المعنى فالمصالحة الوطنية والتسوية التاريخية هما تجاوز للماضي بعد استيعاب دروسه وتوجه للمستقبل .

التحول التدريجي من الدولة الشمولية الى الدولة الديمقراطية هو مضمون وسيرورة وهدف الإصلاح. على أن الديمقراطية ليست عصا سحرية قادرة على اجتراح العجائب، وليست علاجاً شافياً للمشاكل الاجتماعية. إنها نظام سياسي، يبنيه المجتمع بالتدريج، يتخلص فيه من حالة " القصور" ويعلن نفسه راشداً، ويتعلم التصرف كراشد، يتحمل المسؤولية عن نفسه وعن أفعاله، ويواجه مشاكله ويتعلم إيجاد الحلول لها؛ نظام يتأسس على الحرية والمسؤولية المترابطتين، فلا حرية بدون مسؤولية، ولا مراكز مسؤولة، بدون خضوع للمساءلة والمحاسبة؛ نظام يبنى على التعاقد بين المواطنين الأحرار، لحكم أنفسهم بأنفسهم بما يضمن احتفاظهم بحريتهم وتطويرها. ليست الديمقراطية حكم الشعب، على الرغم من أن اسمها اليوناني يقول ذلك. وليست حكم صندوق الاقتراع، مع أن صندوق الاقتراع أحد وسائلها الضرورية. وقولنا إنها حكم الأكثرية مثل قولنا "ولا تقربوا الصلاة"، لأنها حكم الأكثرية المحكومة بقواعد دستور يلزمها باحترام الحريات والحقوق، بما فيها صيانة حق الأقلية بأن تتحول إلى أكثرية جديدة تزيح الأكثرية القديمة عن الحكم، بعد أن تحولت عبر صندوق الاقتراع الى أقلية (وتلك الأيام نداولها بين الناس)، أي دستور يضمن تداول السلطة، تداولاً يتم بصورة سلمية. لأن الديمقراطية تتضمن نفياً للعنف خارج المجتمع وحصراً لوسائله ولحق استخدامه بيد السلطة ووضع القيود والضوابط لهذه السلطة لكي لا تخرج عن الحدود التي رسمها القانون، ولا تقوى على قمع المجتمع والاستبداد به. وهي تجسيد لسيادة القانون التي يضعه المواطنون الأحرار أنفسهم، وهم، كلهم، متساوون أمامه، ليس بينهم أبناء ست، ولا أبناء جارية.

الديمقراطية نوع من الهندسة أو البنيان للدولة وللسلطة، أثبتت التجربة التاريخية لشعوب كثيرة نجوعه وقدرته على التطور بما يلبي حاجات المجتمع المتجددة، نوع من الهندسة يقوم على انفصال وتمفصل السلطات التنفيذية والتشريعية والقضائية، وخضوع السلطة التنفيذية للسلطة التشريعية لأن الأولى منتخبة من الأخيرة، وخضوع السلطة التشريعية بدورها للناخبين لأنها منتخبة منهم، أي خضوعها للمجتمع المدني من أحزاب ونقابات وهيئات متنوعة وكذلك للأفراد.

الديمقراطية وسط صالح لحل التناقضات والصراعات الاجتماعية عبر الحوار والتفاوض والتسوية، فهي تجمع التناقضات في إطار الوحدة، دون أن تسمح لهذه التناقضات بتفجير الوحدة.

هناك دائماً مسافة بين القول والفعل تعبيراً عن العلاقة المعقدة بين اللغة والواقع. بسبب الانفصال، الذي استمر قروناً، بين لغتنا وواقعنا تبدو المسافة عندنا أكبر. فانتصار فكرة الإصلاح في ميدان المنطق لا يعني قدرتها على التجسد في الواقع. لا بدّ من قوى تتولى هذا الأمر. وهي موجودة أساساً في حيّز السلطة. لكن المعارضة تتحمل قدراً من المسؤولية ناجماً عن قصور في الرؤية، وتقصير في حشد وإدارة القوى المتوفرة. فلا مسؤولية عليها عن ضعفها الذي هو نتيجة الاضطهاد الطويل الذي تعرضت له وخرجت منه مهمشة لكن منتصرة فكرياً. لقد قلّ حدّ القمع وبان فشله كوسيلة رئيسية لضبط المجتمع. فالسياسة لا يمكن أن تتماهى مع العنف. الاضطهاد الذي عانت منه المعارضة أعطى نتائج سلبية مضاعفة في المجتمع الذي أصبح خارج السياسة، فوزنت القوة النسبية للسلطة تجاهه وتجاه المعارضة، لكن الجسم الاجتماعي كله، أصابه الضعف والهزال. ضعف المجتمع ليس في صالح السلطة، فهي أيضاً يلحقها الضعف، والمعارضة القوية تعني صحة المجتمع وقوته. للأسف ،جدل القوة والضعف لم يفهم بعد، حتى بعد احتلال العراق، وهزيمة نظام المقابر الجماعية. لا تستطيع المعارضة أن تدفع الإصلاح بدون أن تكون لها قدرة على الدفع. صحيح أن فصائل المعارضة من تياراتها الثلاثة (الاشتراكي والقومي والإسلامي، وهي التيارات التاريخية في البلاد، المقسومة بين الموالاة والمعارضة) حققت إنجازاً تاريخياً بانحيازها المبدئي للديمقراطية، وهو إنجاز لا يمكن المحافظة عليه، بله ترسيخه، إلاّ بالتخلي النهائي عن النخبوية (الطليعية) التي أدت وتؤدي إلى الوصائية تجاه الشعب ، والإقصائية والاستئصالية تجاه الفصائل الأخرى . فلا ربّ العالمين ندب ، ولا التاريخ كلّف أحداً من الفصائل بقيادة المجتمع "القاصر". المجتمع هو الذي ينبغي أن يختار لحكمه هذا الفصيل أو ذاك، وأن يحتفظ بحرية تبديله بآخر. الإنجاز الآخر الذي حققته هذه الفصائل هو اختيارها للإصلاحية بما تتضمنه من نفي للعنف، وبما تعنيه من نهج في السياسة يقوم على التدرج في تحقيق الأهداف. يبقى عليها أن تتحرر من أسر الايديولوجيا وأن ترتب أوضاعها الداخلية بانسجام مع خياراتها الجديدة.

الإصلاح سيرورة، نجاحها مرتبط بعودة السياسة الى المجتمع وعودة المجتمع الى السياسة والى ميدان الفعل الاجتماعي. أما النجاح النهائي للإصلاح فهو مرهون بقدرة المجتمع على السيطرة على الدولة، وإعادة بنائها وتشكيلها كدولة ديمقراطية.

دمشق ٢٠٠٣/٩/٧

د. أحمد فائز الفواز

4

C al-Māliḥ, Haiṯam: Risāla ilā ar-raʾīs ad-duktūr Baššār al-Asad (Brief an den Präsidenten Dr. Baschar al-Asad), Damaskus, undatiert.

الرئيس الدكتور بشار الأسد
رئيس الجمهورية العربية السورية

تحية طيبة وبعد :
تمر أمتنا في هذه اللحظة الفريدة بمخاطر وتحديات جسام ، سواء بإعادة احتلال الضفة الغربية وقطاع غزه إسرائيليا واحتلال العراق أمريكيا بصورة أدت إلى تبديل المعطيات الاستراتيجية المحيطة بوطننا سورية ووضعه بين عدوين لدودين يملكان قوة لم يسبق لها أن اجتمعت ضده ، بينما النظام العربي منها وعاجز ، والوضع الدولي لا يستطيع كبح جماح أمريكا وحليفتها إسرائيل التين توحدهما – منذ وصول جورج بوش إلى الرئاسة الأمريكية – إيديولوجيا وسياسة عدوانية وعنصرية شرسة بالغة الأنانية ، تقوم على فكرة الحرب الوقائية ، وتعتبرها واجبا أخلاقيا لا يجوز لأحد مقاومته ، سواء باسم القانون الدولي أم تحت غطاء الأمم المتحدة بشرعتها وشرعيتها .

إن بلدنا يواجه هذا الخطر المتربص دون أن يكون مستعدا له ، وهو يحتاج إلى الكثير لتحصين نفسه وتقرير قدرته على مقاومته ، بعد أن انتهت أوضاعنا إلى حال من الضعف والتفكك نجم عن أخطاء وتراكمات أبعدت الشعب عن الشأن العام ، كما أنهكت الدولة والمجتمع ، وجعلهما مكشوفين كما لم يكونا من قبل .

السيد الرئيس :

في اعتقادنا يوجد علاج لأدوائنا يجب أن يأخذ شكل إصلاح وطني شامل يشارك فيه مواطنونا وقوانا السياسية ومجتمعنا ، ونحن نعتقد أننا نحتاج الآن ، أكثر من أي وقت مضى ، إلى سياسة إنقاذ وطني سبيلنا إليها فيما يلي :

- الإفراج عن جميع السجناء السياسيين ومعتقلي الرأي والضمير ، والسماح بعودة المنفيين قسرا وطواعية خارج البلاد ، وتسوية أوضاع مواطنينا المحرومين من الجنسية وحقوقهم المدنية .
- تطبيق مبدأ فصل السلطات تطبيقا عمليا .
- إلغاء حالة الطوارئ والأحكام العرفية ، والمحاكم الاستثنائية جميعها .
- فمن اختصاصها تقييد صلاحيات الأجهزة الأمنية ، ومنعها من التدخل في الحياة السياسية للمجتمع والأفراد ، إلا في إطار القانون وفي ظل سيادته .
- إطلاق حرية الرأي والتعبير والاجتماع ، وحرية الانتقال والسفر والعمل النقابي والسياسي ، وجميع الحقوق المنصوص عليها في الشرعة الدولية لحقوق الإنسان .
- تشكيل حكومة وحدة وطنية ، تقود البلاد في مرحلة انتقالية من أجل إصلاح ديمقراطي سياسي ودستوري شامل .
- الدعوة إلى مؤتمر عام تحضره كافة الشخصيات والقوى السياسية داخل البلاد وخارجها ، يبحث في نهج ووسائل الإنقاذ الوطني وتعزيز الوحدة الوطنية ، وسبل الانتقال بالبلاد إلى مستقبل أفضل .

السيد الرئيس :

إن ما يجري في العراق وفلسطين ، هو بداية ما يسميه الأميركيون حقبة جديدة يريدون معالمها بالقوة • فلا بد أن نقوم مراميهم بإصلاح أحوالنا وتحصين وطننا ، ولا يخفى على سيادتكم أن القوة الوحيدة التي تستطيع ذلك هي الشعب الحر : الجهة التي أخرجت من السياسة والشأن العام ، ولا مفر من إعادتهما إليها ، لتلقي بوزنها من أجل حماية الوطن •

D Inaugural Address by President Bashar al-Asad, Damaskus, 17.7.2000.

As I stand today in this gracious Parliament all I can do is to start my address by thanking the Almighty God for granting us the strength in this resolute country and for providing us with the appropriate means that helped us bear the painful tragedy that has befallen all of us. I would also like to thank you all for the precious trust you have put in me and which you have expressed through your endorsement of what was contained in the letter from the Regional Leadership of the Baath Arab Socialist Party that included nominating me to the post of President of the Republic. I truly appreciate all the efforts you have exerted in your deliberations relating to the contents of this letter, these deliberations that revealed your high sense of responsibility and your abundant feeling of love for your country.

From behind this podium I would like to express a very special thank to all our people, men and women, old and young, inside and outside Syria who bestowed upon me their trust through voting in the referendum and through their active participation in this national duty. I would also like to thank them for all the love and loyalty they expressed to me which had a great effect on me and granted me strength and optimism in the future.

The result of the referendum is an expression of the will of the people and there is nothing I can do except to respond to the will of the people and to willingly accept to carry the mission I am asked to carry and shoulder the burdens and tasks related to fulfilling my duty during these very delicate and sensitive circumstances which our country, our nation and the world at large are going through at the moment. I shall try my very best to lead our country towards a future that fulfils the hopes and legitimate ambitions of our people.

These tasks are both very difficult and very easy.

These tasks are very easy because the great leader, Hafez al-Assad has prepared for us a firm ground, solid basis and a great heritage of values and principles which he defended and adhered to till he parted with us and moved to the after life. Added to this the infrastructure and the great achievements in all fields and throughout the country that will enable us to launch our work strongly and confidently towards a future we all desire. Yet, these tasks are difficult because the approach of the great leader, Hafez al-Assad, was a very special and unique approach and therefore it is not easy to emulate it especially as we remember that we are required not just to maintain it but to develop it as well. This undoubtedly requires great efforts and work at all levels with the aim of building on the basis of what has been achieved in the glorious period of Assad to continue with what has been achieved and to multiply the steps determined to overcome the difficulties and cope with the challenges without giving up our national principles ordained in our hearts and minds. In all this we have to imitate his wisdom by transforming sorrow to a creative energy and the painful event to continuous work and achievement.

Ladies and Gentlemen,

I said this yesterday and I reiterate it today that I am not after any post nor do I avoid any responsibility. The post is not an end but a means to achieve an end. And now, and since my people have honored me with their choice of me as president of the Republic and after I have been sworn in and assumed my responsibilities I would like to say that I have assumed the post but I have not occupied the position; the post has changed but the position remains unchanged since I was born and where the Almighty God wanted me to be and where our people desired me to stand since they have known that there is some one who truly loves his people and whose people truly love him and are loyal to him and where my parents and my family wanted me to be and in the place which I am determined to maintain and cherish to be strong by it and through it. This position that never changes is the position from which I serve my people and my country.

The question now is what does this new post add to the position in which I have always found myself? I have always said to those I met with, that the post is a responsibility but the position has imposed this responsibility on me beforehand. Some might say that the post gives the legitimacy, but the legitimacy is first and foremost the will of the people and their desire. The importance of your vote on my nomination stems from the fact that it is a response to the desire of our people whom you represent in all their different strata. Hence, we can say that the responsibility is towards the interest of the people and the legitimacy is the people's will and their desire. The post is only the framework combines the two and regulates their relationship. Thus this post has added a huge burden to my position, a burden that consists of your love, trust, ambitions and hopes that I shall, with the will of God, be able to shoulder with your help and support.

Every decent citizen has to put himself in a the position I have indicated above, shoulder his/her responsibility and to believe in legitimacy even if he were in situation that does not allow him to implement his ideas. The post does not engender responsibility, the opposite is true. The post deprives one of his responsibility and allows him to exercise it only through the authority granted to him.

Whenever a person who has no sense of responsibility assumes a post he can take nothing out of it except power and power without a sense of responsibility is the source of chaos, carelessness and the destruction of institutions.

The ideal state of affairs is that every one should feel responsible and this does not mean that every one should occupy a post. Posts are basic junctures in which the performance of society is continuously checked, inspected and energized in two directions: from top to bottom and from bottom to top. Thus, if anything went wrong at the bottom this will reflect at the performance of the top, and if any one at the top violated the rule this will reflect negatively on the bottom. Thus society will not develop, improve or prosper if it were to depend only on one sect or one party or one group; rather, it has to depend on the work of all citizens in the entire society. That is why I find it absolutely necessary to call upon every single citizen to participate in the process of development and modernization if we are truly honest and serious in attaining the desired results in the very near future.

As we are speaking about development, which I believe, is the major concern of every citizen in this country and in all fields, we have to know in which direction we are treading and what is the best way to take and what are the desired results. The answers to such questions constitute the compass that determines our current and future moves. In order to achieve what we aspire to achieve we have to move at three basic fronts at one and the same time: First: to suggest new ideas in all domains whether in order to solve our current problems and difficulties or in order to improve the current situation.

Second: to renew old ideas which are no longer appropriate to our reality with the possibility of discarding outdated ideas which can neither be renewed nor could they be beneficial; rather they have become an obstacle in the way of our performance.

Third: to improve old ideas and renew them in order to be suitable to the current and future purposes. Each work needs to be assessed in order to determine the percentage of progress and achievement in it. It is useful in this regard to adopt a set of measurers: The first measure is the time factor which we should use to the utmost extent in order to achieve what we aspire to achieve in the shortest time possible.

The second measure is the nature of the situation in which we live and the different circumstances: internal and external, which surround us.

The third measure is the potential we possess in order to start our pursuit to reach the designated objective, taking into account that the potentials are not fixed givens but they are susceptible to modification and change through our efforts and effectiveness.

The fourth measure is the public interest at which all previous measures meet and through which all of them should be determined.

This is a measure and an objective at one and the same time. What is the value of any work we do if it is not navigated by public interest? But in order to make the required move, and with confidence that we shall succeed, we have to have a certain set of means the most important among which are: The creative mind that cannot be stopped at any limit and does not confine itself to any fixed framework. Today and tomorrow we are in desperate need to creative minds in order to push the development process forward. Some people may believe that creative minds are linked to age and that they can frequently be found with the youth but this is not quite accurate. Some people of a young age have strong minds and some elderly people may depart this life with minds that are still so lively and creative.

We are also in desperate need to constructive criticism which is the exact opposite of destructive criticism that often colors most discussions and proposals for various reasons whether they are personal or otherwise. In order to be constructive in our criticism we have to be objective in our thinking. Objectivity dictates that we should view each topic from more than one perspective and under more than one circumstance. Hence, we analyse it in more than one way and then we may reach more than one possibility, or at least the best possibility or the closest to the truth. We have to stop ushering criticism with the objective of beseeching people or of inviting people to clap hands for us or with the aim of provocation or malice. This is a waste of energy and time that we can well do without. When we say constructive criticism and an objective opinion this will necessarily mean to view the topics under criticism in a complete and comprehensive fashion in a way that enables us to see the positive points as well as the negative ones. In this way we will be able to increase the positive points at the expense of the negative ones and this is the only way to development.

As we are speaking about instruments we cannot afford to ignore the issue of accountability which is a complete and inseparable process that starts with the basic and the smallest unit in society which is the citizen and it ends up with institutions. Each citizen has to ask himself and watch it and review his daily work, otherwise this accountability will not fulfil its objectives. Here, one's conscience plays an important role and the necessity to purify it form all misgivings that cause its impurity due to certain circumstances and different factors that may surround each individual. As for the other levels of accountability which are carried out by specialized institutions, they relate to the cases in which there was an abuse of rules and regulations, the cases which should be very few if personal accountability is properly exercised.

In this case the performance of institutions would be better and healthier. This is a continuous process that should be in parallel to the work or should form a part of it. Mistakes in their various forms are part of life and if they are not duly addressed they will be aggravated. Correcting mistakes, however, should never aim to revenge; rather it should be meant as a deterrent for others and not just for the one who committed the mistake but for all those who might think of committing similar mistakes.

In such a way we will be able to put a common strategy for development that will constitute a specific framework for steps and measures which should be taken in order to achieve the objectives of such a strategy, especially as our country has undergone different historic, political, economic and social circumstances during the twentieth century, circumstances that were and still are changing rapidly. These changes were mostly political. President Hafez al-Assad was able during the last three decades to put a general strategy that responded to the various needs of desired development; a strategy that covered different sectors. The political strategy which he put and supervised both its implementation and development proved a great success until this very day. As for the other domains, as we all know, they did not cope with the excellent political performance for many reasons. That is why there was a definite gap between the political performance and the performance and all other sectors. If the performance of other sectors were better our political stand would have been stronger no doubt, though it is solid enough, but our ambis always to add to what we have.

The performance in the economic field, in particular, went through sharp fluctuations as a result of changing circumstances that in turn were the subject of sharp changes, particularly as our economy moved from an economy that has open markets to an economy that has to be competitive. This point was addressed through issuing laws and decrees which were sometimes experimental, sometimes impulsive and at other times they were a reaction to a certain state of affairs.

Very rarely this point was addressed in an effective way that takes the initiative which precedes event. The reason for this was that there was no clear strategy that aimed to bring about certain legislation; rather the economic strategy came as a result of all these legislations. Hence, it came out weak with many loopholes and it was partially to blame for many of the difficulties from which we suffer today. This means that today we need economic, social and scientific strategies that may serve both development and steadfastness in the meantime. Such strategies are not available as ready recipes; rather they need deepened studies the results of which can be considered the basis that decides our point of direction. This undoubtedly needs time, effort, cooperation as well as extensive and broad dialogues.

The question that we have to ask here is, shall we wait to finish putting the required strategies in order to start the process of development or do we continue to improve what we have started in the past? It seems to us that the work should start in parallel through a follow up of taking the required measures in addition to preparing visions in order to draw our future plans knowing full well that fragmented development does not achieve our desired objectives.

Hence there is a need for coordination and complimentary orientation among measures and steps taken in all fields.

All what has been indicated above needs analysis and analysis needs studies and results which in turn need a reality to be based on.

When we say Oreality' it means accurate figures. Figures do not lie and therefore they are genuine and transparent. Dealing with figures requires honesty and transparency. The term Otransparency' has been frequently used and discussed lately in dialogues and essays and in other places as well. Some used to call for a transparent economy and others called for transparent media while some others called for a transparent mentality in other domains. There's no doubt that transparency is an important thing and I support such an endeavor but through a proper understanding of the content of the idiom and of the ground on which it might be based.

Prior to being an economic or a political or an administrative case, transparency is a state of culture, values and social habits. This poses a question and a requirement in the meantime that we should ask ourselves before we address it to others; am I transparent with myself first and with my family second and with the close and distant circle and with my country third? Any one whose answer is in the affirmative will undoubtedly know the meaning transparency and will be able to appreciate its horizons and to practice it wherever he/she might find himself herself. How do we, for example, ask a person who is not honest in his personal life and with those closest to him to be an honest official towards his responsibility and towards his people? If he is a vague man in his arguments how do we ask him to be transparent when he assumes a certain post? If we want to address a problem we should start at the beginning and not at the end and we should address the cause rather than the result. This dictates that we should face ourselves and our society bravely and conduct a brave dialogue with both in which we reveal our points of weakness and talks about customs, traditions and concepts which have become a true impediment in the way of any progress. Society is the path on which all progress in different domains must tread. If this path is not good, development will flounder or stop, which in a relative sense means going backwards. This is one of the difficulties in our reality and the analysis of this reality requires concentration on the obstacles which keep this reality as it is without any true improvement. This needs an active participation by all parties concerned, outside the framework of the State and inside it so that all groups and social strata may contribute to finding the appropriate solutions. I would like to stress here that any one who figures out a problem should also indicate the solution for it. We have to shake off the attitude of evading the sense of responsibility. We have to give up reliance on others. The employee relies on his colleague and the junior employee relies on his senior and the citizen considers the State responsible finding for solutions. I would like to reiterate here that finding solutions is the responsibility of all of us in order to make these solutions complete and effective. You should not rely solely on the State nor should you let the State rely solely on you: let us work together as one team.

I would like here to give an example from our economic life which is the case of export that is considered an important pillar in the national economic income and which will receive a very special attention during the coming period. It is the duty of the State to issue legislations and laws and to make decisions and sign agreements with other countries and parties in order to encourage export and to help find markets in addition to achieving the capacity to be competitive, but this will not be completed properly if the Syrian goods do not enjoy a good reputation and if they are not of high quality and standards. Added to this the fact that both producers and exporters should be accurate and should respect the date of delivery in addition to conducting marketing operations for their goods and effectively participating in domestic and external exhibits in order to broaden their markets, the fact that will achieve prosperity both for them and for national economy.

In this regard it has become necessary to move in steady, though gradual, steps, towards performing economic changes through the modernization of laws, the erosion of bureaucratic obstacles standing in the way of internal and external investment flow, the recruitment of both private and public capital, and the activation of the private sector and granting it better opportunities to work.

It is also necessary to bring the public sector to a competitive level in both domestic and external markets, the thing that leads to a balanced and comprehensive development in all provinces of the country and in rural as well as urban areas. This will also lead to a fair distribution NGP in a balanced fashion, to the increase of job opportunities and to the improvement of the livelihood of citizens in the light of the increase of their lively needs and the constant increase in the cost of living. The agricultural public sector should also be developed through the modernization of its means of production and through the search for markets to sell its products as well as through enhancing land reform and dispensing with negligence and passivity which took place in the past and to speed up the building of dams that serve our developmental plans. We have also to put a wise economic policy that bridges gaps between sources and expenditure, between export and the rehabilitation of the private and public economic sectors to face the increasing dangers resulting from the challenges of globalization. In this way our economy may well assume a respectable place in regional and international economic blocs.

Ladies and Gentlemen,

Our aspirations will not be properly fulfilled unless we emphasize the role of institutions in our lives. An institution is neither a building nor a system that governs nor the persons who work in it; rather, it is first and foremost, the institutional thinking that considers every institution, however small it might be and whatever its domain may be, a representative of the entire country, its reputation and its civilized outlook. Institutional thinking acknowledges that institutional work is a joint and not a personal work, a work that is based on honesty, sincerity and on using time to the maximum extent, on putting public interest above personal interest, and on putting the mentality of a state above the mentality of the tribe. It is the logic of cooperation and openness to others, and it is inseparable from the democratic thinking which has many things in common with it in various places. This means that democratic thinking enforces and strengthens institutional thinking and work. To what extent are we democratic? And what are the indications that refer to the existence or non-existence of democracy? Is it in elections or in the free press or in the free speech or in other freedoms and rights? Democracy is not any of these because all these rights and others are not democracy, rather they are democratic practices and results of these practices which all depend on democratic thinking. This thinking is based on the principle of accepting the opinion of the other and this is certainly a two-way street. It means that what is a right for me is a right for others, but when the road becomes a one-way road it will become selfish. This means that we do not say I have the right to this or that; rather we should say that others have certain rights and if others enjoy this particular right I have the same right.

This means that democracy is our duty towards others before it becomes a right for us. Democratic thinking is the building and the structure. We all know that when the foundation of a building is weak the building will be threatened to fall for the slightest reason. Hence, each building is designed in a way and has a foundation appropriate to the weight it is expected to carry. Hence, we cannot apply the democracy of others on ourselves. Western democracy, for example, is the outcome of a long history that resulted in customs and traditions which distinguish the current culture of Western societies. In order to apply what they have we have to live their history with all its social signification. As this is, obviously, impossible we have to have our democratic experience which is special to us, which stems from our history, culture, civilization and which is a response to the needs of our society and the requirements of our reality. In this case our experience will be strong and able to stand the test of time no matter how difficult that might be. Destructive experiences in different countries: close and to see and take lessons from. Our National Front is a democratic example that has been developing through our own experience and that has played a basic role in our political life and in our national unity. Today, it has become necessary to develop the method of the work of the National Front in a way that responds to the needs of development in our developing and changing reality at all levels.

As the democratic and the institutional thinking are linked, and I am not saying identical, administration is bound to be influenced by them. Hence, administrative reform which we have to conduct in both the private and the public sectors is linked to them: it develops with their development and retraces with their retrace.

Administrative reform is a pressing need for all of us today.

Inefficient administration today is the greatest impediment in the way of our march towards a better development; it negatively affects all sectors without any exception. We have to start immediately to prepare the studies which ensure the change of this reality to the better through improving the administrative systems and their frameworks, through increasing the level of efficiency of the administrative and professional cadres and through putting an end to the state of carelessness, passiveness and evasion of carrying out one's duty. There is no escape from bringing the careless, the corrupt and the evil doers to justice.

This also requires the improvement of the accountability apparatus in the country in order to make it more effective and to support it with the appropriate resources. Here comes the importance of the energized role of your Parliament in correcting the work of different institutions through pointing to the points of weakness and inefficiency and following up the process of correcting it in a positive way. I would also like to stress here the important role of the judicial system and the necessity to support it with the clean and efficient cadres so that it may play its full role in order to achieve justice and guard the freedoms of citizens and the proper implementation of laws.

From what has preceded we can notice that the work of institutions is closely linked, the fact that requires also a close link between the mind that governs and organizes the work of each institution such as the institutional mentality, the democratic mentality and transparency that starts in the home and grows or recedes through the circumstances of daily life. Society is the fertile soil in which we sow our seeds; as for the fruits we reap in institutions.

Hence, the better the seeds we sow the better and fresher the fruits we reap. The task of the state is to prepare the suitable and appropriate ground for the seeds to grow. It also has to provide the best circumstances for this growth and to guarantee that the fruits remain fresh (which is the most important stage) so that our soc may benefit from them; otherwise they will go off and become rotten and a source of illness and disease.

Ladies and Gentlemen,

We have to respect law because it guarantees the state's respect for the citizen and the citizen's respect for the state. The rule of law guarantees our freedom and the freedom of others.

We have to fight waste and corruption taking into account that each kind of work will necessarily entail a percentage of unintentional mistakes which should not worry us but we should try not to allow their recurrence.

We have to distance ourselves from chaos and wasting time and to commit ourselves truly and sincerely to our work and to double our efforts in order to make up for what has been lost.

We have to give up the idea of uprooting the status quo in totality instead of working to develop and improve it basing our work on the view that human life has no ultimate truth. No matter how bad the reality might be it must carry within it some good things, and no matter how good or excellent it might appear it will not be pure from misgivings. The march of people is made up of successive achievements, each group of which is built on what has preceded it.

Development comes as a result of building positive things on the good things that preceded them. As for backwardness it is the opposite of that. Hence, one can launch one's work from the positive points even of a bad reality to create a better reality and from the better one moves to what is best. While if we are to uproot everything in reality it means that we are eliminating it with all its negative and positive points, and then when a new launch is needed what is it to be based on: a vacuum or a point zero? We have also to get away from repeating concepts and idioms without any proper understanding of their contents. Many ideas may respond well to our needs but the lack of a proper understanding of these ideas may turn them into harmful concepts.

We have to pay a very special attention to qualifying cadres and training them in all fields and at all levels through depending on national cadres both in Syria and out of it in addition to contacts with Arab and foreign cadres and through benefiting from countries which have successful experiences in various fields.

We have to stress the importance of planning and the quality of this planning in order to reach a qualitative society and state and in order to continue the building of contemporary and progressive Syria. We also have to stress the importance of spreading education and knowledge and information technology as well as paying special attention to the trade of minds and to exporting ideas and developing scientific research through providing the infrastructure that starts with organized work through research institutions and ends up with the necessary technologies, according to the abilities and the necessity of linking this to the developmental needs of our society. Reform and improvement are certainly needed in our educational, cultural and information institutions in a way that serves our national interests and strengthens our genuine culture that leads in turn to undermine the mentality of isolationism and passivism and addresses the social phenomena that negatively affect the unity and safety of our society.

The target of all what has been mentioned above is to prepare skilled and qualified social forces able to deal and interact with various world developments especially as our current reality constitutes a ground that is not quite apt to enter the new century which is the century of institution and information technology.

It will be very difficult to achieve any of what has preceded if women were not active participants from their positions as they constitute a true half of our society. Women are the ones who bring up both men and women and who prepare them to participate in building their country. Women play an important role in progress and development in various places of work. The appropriate ground for women's participation should be well prepared so that they may become more effective in our society and more capable to play a role in its development.

If we are able to commit ourselves to all what has been mentioned above we can rest assured that Syria will stay the master of itself, free to take its own decisions, taking into account that none of us has a magic solution to solve all the problems in one go. Hence, there is a need to put priorities and preferences remembering always that change is not an end in itself but a means to respond to our daily needs. Promises should not be cut unless one possesses all the elements that lead to the achievement of the required task. This could be possible at a personal level or in a certain domain or field but when we speak at the level of a country, especially when hopes are so great and difficulties are just as great, then no one person may possess all the right elements and no single post can provide them; rather these elements have to be found by the community, officials, institutions and citizens. What I can promise you now is that I shall work tirelessly. As for achievements we have to promise each other that each one of us shall offer what she/he has of elements and potential and abilities in order to reach our common objectives.

Ladies and Gentlemen,

Our strenuous efforts to foster our domestic front are strengthened through our relations with other countries especially our Arab brother countries at all levels, and through activating the existing Arab economic conventions and the continued efforts to establish a true nucleus for a joint Arab market. This is the minimum but the best possible thing now in order to maintain what is left of the hopes for establishing healthy Arab-Arab relations. The state of the Arab nation and the weak ties among Arab countries that have prevailed during the last few decades and especially during the nineties is no longer a secret to any one. Regional interests superseded the national ones; the Arab body was weakened and the Arab nation suffered from divisions among its countries. The Arab nation accommodated itself to this new abnormal situation, and what should have been a state of emergency became the normal state of affairs to the extent that any talk about Arab nationalism or Arab solidarity seems at least to some to be romantic or a waste of time.

Some even started to shed doubt on Arab common interests. Despite this deteriorating state of relations among Arab countries which might prompt some to be pessimistic and others to be frustrated we should not surrender to the feeling of utter hopelessness to achieve any break-through in this regard. We should neither surrender to this current reality nor be satisfied with it.

There has to be and healing initiatives that do not rely on the logic of gain and loss at the country level but at the national level. They should depend on the goal of collective gain that will make individual gain more certain. Such initiatives should also depend on the logic of national dignity and Arab values and ethics. In this regard we look forward to a more effective role played by the Arab League to achieve this particular goal. We, in Syria, shall stay as we have always been, supportive of any solidarity step that might serve the higher interest of the Arab nation, particularly steps that might lead to the consolidation of points of agreement among Arab countries in a way that undermines points of difference and division and paves the way for a reasonable level of productive relations among these countries at a first stage in order to prepare for a better future for these countries at later stages. We have to do that fast because the new international situation gives the position to the stronger party. This is the fact that prompted many countries to establish different regional alliances in order to be stronger in facing international challenges and to gain an extra margin in their maneuvers. We who possess greater factors to establish a coherent unit are called upon more than any one else in the world to pursue such a project of regional unity.

We consider our relationship with Lebanon an example of a relationship that should exist between two brotherly countries. But this example is not perfect yet and it still needs great efforts in order to be ideal and to achieve the joint interests of both countries in a way that responds to the ambitions of both countries.

Nonetheless, the Syrian-Lebanese solidarity during the past few years has achieved a great deal which would have been impossible to achieve had each country worked on its own and in isolation of the other. Ending the civil war in Lebanon, establishing national reconciliation in addition to the defeat of the Israelis in the eighties and nineties and finally their worst defeat lately in the month of May are a clear evidence of the importance of this solidarity. Of course, all these achievements were based on the solidarity and unity of the Lebanese people and state with the heroic Lebanese national resistance. We, in Syria, shall always stand by Lebanon and support it in all its national causes, especially in matters which concern the return of its full territory and the return of its prisoners locked in Israeli jails and in its brave stand in the face of repeated Israeli threats to lead an aggression against it.

Such threats do not serve the cause of peace in the region; rather they keep the points of tension hot, the fact that keeps the threat of the emergence of new circles of violence in the region possible as well as putting obstacles and impediments in the way of achieving a just and comprehensive peace in the region. In this regard, Israel still occupies our Golan and this is a topic that preoccupies us.

The liberation of our territory is at the top of our national priorities and is as important to us as the achievement of a just and comprehensive peace that we have adopted as our strategic choice, but not at the expense of our territory nor at the expense of our sovereignty. Our territory and our sovereignty are a matter of national dignity and no one at all is allowed to compromise any of them. We were very clear in dealing with peace issues, firm in our stands since the beginning of the peace process in Madrid in 1991; unlike the Israeli policy that fluctuated sometimes and put obstacles at other times. Until this very moment they did not give us any proof that invites confidence that they have a true and genuine desire to achieve peace. Rather they have been suggesting different versions in order to cover what they truly want to do so they ask us to be flexible and I think that they mean the territory should be flexible in order to press its borders and make it shrink in a way that suits their objectives or they send us missionaries who ask us to agree to a modified line of June 4 and ask us to call this modified line June 4, as if the difference is about naming the line. Or they suggest to give us 95% of our land and when we ask about the remaining 5% they say it is only a problem of few meters and this should not be an obstacle in the way of peace. If those few meters are not a problem and should not be an obstacle in the way of peace, then why they don't return to the June 4th lines and give us 5% of the territory west of the Lake? They have betted on many things; they have betted on the health of President al-Assad forgetting that national leaders who enter history enter it through the doors of their own countries and enter the world of eternity through the same door and never through concessions and giving up rights. They have betted on the military strength and were defeated in Lebanon. They have betted on our national unity and our people defeated this bet and now what are they going to bet on? The only betting that may succeed is to bet on the will of the people to return their rights through the return of their complete territories to the line of June 4, 1967. Only then we can proceed towards a just and comprehensive peace. We call upon the United States to play its full role as an honest broker and a cosponsor of the peace process. Pressure has to be exerted in order to implement the resolutions of international legitimacy with all the legitimate rights they dictate for the Lebanese, the Syrian and Palestinian people.

We would like to stress here that we have the urge to reach a state of peace but we are not ready to give up an inch of our territory nor do we accept our sovereignty to be impinged upon. We would like to achieve peace because it is our strategic choice and because the Syrian people have always been, through history, peace lovers and because we would love to restore our beloved Golan complete and because we want its people to go back to their homes, but we are not ready to give up an inch of our territory nor to achieve peace at the expense of our national sovereignty. Our brave people on the Golan will always be today and tomorrow and for ever Arab Syrians because no matter how long it might take this land will always be ours and will be returned complete to us one day sooner or later. We are not prepared to pay the price of the helplessness of the Israeli governments and their inability to make decisions that push the peace process forward at the expense of our sovereignty and dignity.

The ball of peace which they throw at different courts according to their whims is a heavy ball and carrying it needs statesmen who are able to make difficult decisions and not just people in offices who carry this ball with them wherever they might be and it moves around and they move with their political posts.

Ladies and Gentlemen,

The policy of adhering to the principles of international legitimacy requires the United Nations to carry out its mission as mentioned in its Charter in an objective way and away from different points of influence that might limit the implementation of these principles in the best way possible in order to reach a world with no conflicts and no points of tension, a world where peace, justice and democracy prevail among countries and in which dialogue is deepened and broadened among different civilizations in the world of today. In addition to this, the North rich countries should shoulder their human responsibilities towards the countries of the South with the aim of reaching a more secure, a more confident and as a result a more stable world.

We look forward to building the strongest relations with the states, peoples and international organizations on the basis of mutual respect and constructive cooperation and the safeguarding of international peace and security basing our relations on the rights of people to self-determination in a way that secures their lively interest.

Brothers and Sisters.

As we are talking about every thing that concerns our people at the domestic as well as external fronts we should not forget that there are the unknown soldiers who do not exert efforts only but who pay with their souls without any price. They are the sons of our military forces, the guardians of our country, the source of our pride and the symbol of bravery and heroism who were and will remain to be ready to defend our country and support our brothers. Our military forces shall remain an example of honor, and perfect national and responsible behavior and shall always remain the focus of our great attention in order to remain able to carry out their duties whenever they are called upon. All our love and appreciation to the members of our glorious army and our high respect and loyalty to the innocent martyrs who fell in battles of honor and duty. I shall not forget to mention our brave people on the Golan who cling tenaciously to their country and their Arab nationality rejecting Zionist existence in all its forms and we say to them we are with you and our steadfastness together is the guarantee that our land will be liberated.

In Lebanon, the brave national resistance wrote the best anthem of heroism and martyrdom and shall always remain in its path and achievement and example that will live long with future generations.

Our dear people, My trust in you is infinite and so is my love to you. I hope you will allow me to emphasize to you a fact I feel that the man you have known and loved some of his merits and exchanged trust and love with him will not change at all once he assumes his post. He came out of the people and lived with them and shall remain one of them.

You may expect to see him everywhere whether in the work place or on the streets or in your picnics in order to learn from you and sharpen his determination by his contact with you and shall work for you as he has always done. The man who has become a president is the same man who was a doctor and an officer and first and foremost is the citizen.

May God bless you all.

Source and translation: SANA

www.ingramcontent.com/pod-product-compliance
Lightning Source LLC
Chambersburg PA
CBHW050524280326
41932CB00014B/2449
9783954258802